不開藥的心理治療！

從心理評估到心理治療，不用藥也能治心病，143則臨床心理學知識詳解

圖解 臨床心理學

東京大學大學院教授
下山晴彥 監修
葉廷昭 譯

面白いほどよくわかる! 臨床心理学

前言

未來的臨床心理學，還有一大片新天地等著眾人探索，日本的臨床心理學也不斷有新的發展。過去日本的臨床心理學，是以內省的治療做為發展基礎，而內省的治療法重視個人的內心世界。再者，以往的研究活動也以學校和教育領域為主，學校的諮商心理師就是最好的例子。不過，這樣的臨床心理學研究，顯然已經不合時代需求。除了依循傳統，還需要更進一步的發展。因此，日本的臨床心理學才有了新的趨勢。

未來的臨床心理學，不只是在面談室中實施心理治療，社區的參與者和其他專業人才必須攜手合作，一起解決廣泛的心理健康問題。而在醫療領域當中，人們也期望臨床心理學發揮更大的效用。這也代表國家有意認可臨床心理學的專業資格。

在這樣的發展趨勢下，發展臨床心理學和異常心理學的知識變得越來越重要。未來需要廣泛的知識和技能，找到恰當的評估和介入方式，不再拘泥於單一學派的心理治療。同時，還要尋思有效的解決之道，以及檢驗成效的研究方法。培育專業人才的系統性訓練也變得至關重要。

本書會用簡單易懂的方式，介紹發展中的臨床心理學有哪些基本要素。雖然這只是一本入門書，但書中網羅了最新的知識，可以一窺現代臨床心理學的全貌。看完本書後，對臨床心理學有興趣的讀者，請參考卷末的書單，深入了解一下臨床心理學吧。（※作者的參考書單以日文書為主）

東京大學大學院．臨床心理學學程　教授　下山晴彥

目次

PART 2 評估 45～76

PART 3

人類發展和心靈問題──關於發展臨床心理學

77～120

PART 4

精神障礙與臨床心理學——關於異常心理學

121～166

異常心理學的基礎

精神障礙的分類

PART 5 介入心理問題

167～236

臨床心理學的研究技巧

PART 8 社會與臨床心理學

社會和臨床心理學

臨床心理師的資格與工作

PART

1

何謂臨床心理學

臨床心理學旨在幫助有心理問題的人，本章將介紹臨床心理學的基本知識。

本章主題

- 臨床心理學做些什麼
- 臨床心理學的歷史
- 臨床心理學的基本概念

臨床心理學的基礎知識
1

臨床心理學是一門怎樣的學問

以科學方法研究心理問題，運用研究得來的知識幫助眾人

「臨床心理學」的定義

臨床心理學是心理學的其中一個分野，主要用科學方法探究人類的異常心理[*1]，釐清那些造成生活問題的行為，背後有哪些成因。之後再利用研究成果，去改善問題。

臨床心理學的專家又稱為臨床心理師[*2]，他們的工作是研究臨床心理學的知識，將那些知識活用在社會上的各個領域（→P274），解決人們的煩惱[*3]。

另外，有心理問題需要輔導的人，則稱為案主[*4]。

「實務」「研究」「專業」的三大活動

臨床心理學由下列三大活動構成。

從臨床心理學的角度來看，一有問題發生的時候，案主及其家族必須接受專業的心理測驗，並參加面談來釐清原因。這一個程序稱為評估（→P46），接著再根據評估的結果，採取必要的介入（→P168）措施來解決問題。像評估和介入這些與案主有實際關聯的活動，又稱為**「實務活動」**，是臨床心理學的一大基礎。

再者，實務活動是否有效，還需要透過

詳細解說！

*1 精神障礙或其他造成心理異常的狀態，又稱為異常心理（俗稱「變態心理學」）。異常心理學就是解決這些問題所需的學問（→P121）。

*2 本書將臨床心理學的實踐者稱為臨床心理師，有別於一般的心理諮商師或治療師（※台灣主要提供心理健康服務的專業，除了臨床心理師，還有諮商心理師與精神科醫師）（→P16）。

*3 解決心理問題的支援措施，又稱為「心理援

科學研究印證，這又稱為**「研究活動」**。

這些活動都是在現實社會中進行的，因此臨床心理學這一門學問，需要獲得社會大眾的認可才行。好比公布研究成果，說明臨床心理學的社會貢獻，安排一套完善的專業認證制度和規範，讓大家可以安心利用臨床心理學。這些活動又稱為**「專業活動」**。

臨床心理學的三大支柱

1 實務活動

- 找案主和其親朋好友對談。
- 評估問題所在。
- 訂立解決問題的方針。
- 實施介入，和案主一同解決問題。

2 研究活動

- 實踐性研究。
- 實踐相關研究（用科學方法驗證實務活動的內容）。

3 專業活動

- 說明臨床心理學對社會的貢獻度。
- 和其他專業組織攜手合作。
- 公布研究成果。
- 安排完善的專業人才認證制度，以及教育系統。
- 制定相關倫理和規範。

助」。

*4 臨床心理學中，需要支援的對象不稱為「病患」，而是需要幫助的「案主」（➡P170）。

臨床心理學的基礎知識 2

臨床心理學和醫學的關聯

治療和援助皆以當事人為重，臨床心理學和醫學的關係也逐漸改變

和精神醫學的不同之處

在醫學的領域當中，精神醫學是專門處置心理問題的學問。大家常把精神醫學和臨床心理學搞混，其實這兩者有明確的差異。

精神醫學主要處理精神障礙等心理疾病，用投藥和其他醫學療法排除病因。

相對地，臨床心理學不認為心理問題是單純的可除去病因。比方說，有些人已經出現症狀了，但那只是一部分的人格問題，對生活並未造成影響；也有人沒有明確的症狀，卻需要援助。**臨床心理學會提供當事人心理支援，讓他們面對自己的問題，過上更美好的人生。**

醫療上的立場變化

過去醫生是醫療前線的主力，臨床心理師、護理師、社工人員算是醫生的輔助角色。

不過，近年來醫療開始以患者為中心，醫生要事先尋求知情同意（Informed consent）（⬇P40），直到患者接受為止。也就是尊重患者，以患者的需求為優先考量。有鑑於此，**臨床心理師、護理師、社工人員逐漸成為提供患者「援助」的專業職缺**，不再只是輔助醫生的角色[*1]。

詳細解說！

*1 為了提供患者更好的醫療服務，各專業職缺必須站在對等的立場，互相合作並提供訊息。這又稱為協同合作（⬇P42）。

臨床心理師的職掌變化

過去的醫療形式

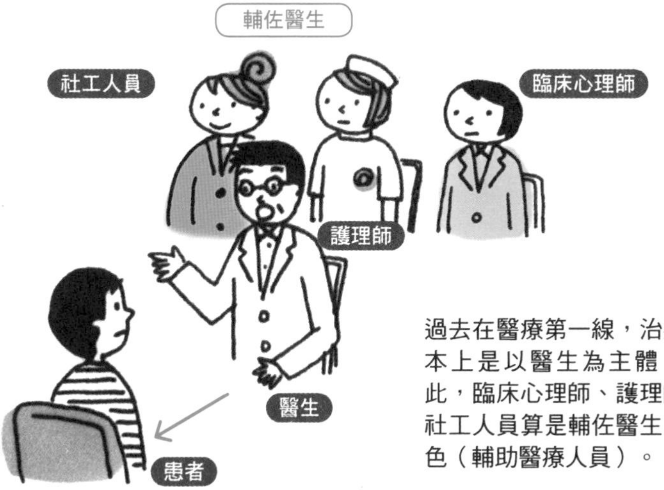
輔佐醫生
社工人員
臨床心理師
護理師
醫生
患者

過去在醫療第一線，治療基本上是以醫生為主體。因此，臨床心理師、護理師、社工人員算是輔佐醫生的角色（輔助醫療人員）。

現在的醫療形式

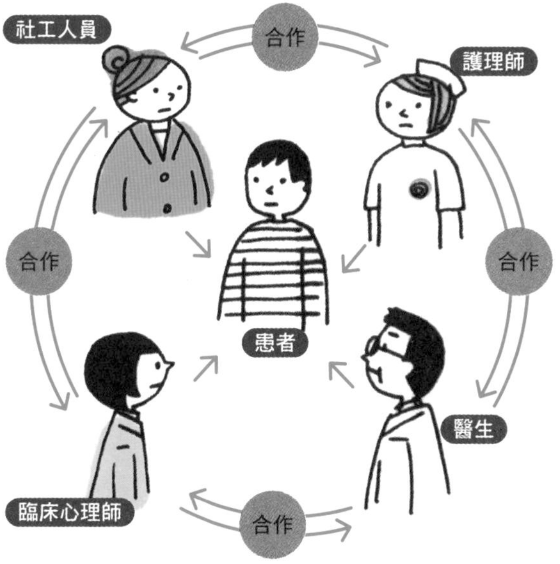
社工人員
合作
護理師
合作
合作
患者
醫生
臨床心理師
合作

現在治療以患者為主體，提供支援的醫生、臨床心理師、護理師、社工人員，會組成專業團隊提供治療。這樣的方式有協同合作的效果，同時又能發揮各專業職缺的能力。

臨床心理學和心理諮商、心理治療的差異

這三者經常被搞混

三大學問的差異和特徵

在日本，臨床心理學和「心理諮商」、「心理治療」常被搞混。不過，在海外這三者是不一樣的學問[*1]（※在台灣，心理諮商、心理治療兩種說法時常互通）。

首先，**臨床心理學會聯合其他專家，從多方面來改善個人和社會問題**。因此，臨床心理師需要廣泛的知識和研究能力，尤其要具備心理學的專業知識。

心理諮商屬於教育學的範疇，旨在提供廣域的輔助。是故，諮商心理師的人品比學問的專業性更為重要。

心理治療則是以精神分析等特定理論為基礎，並按照理論進行實務活動。心理治療有各式各樣的學派，各學派有獨自的理論和技巧要學習，所以授業不是在大學那種研究綜合學問的地方，而是以私人研究所為主。

日本臨床心理學的現況

日本的臨床心理學有獨特的發展背景，這也是日本經常混淆三者的主因（⬇P22）。

一九八〇年以來，以深度心理學（或稱深層心理學）為重的心理治療學派，在日本占了大宗。不過，學習心理治療要經過長期的特殊訓練，學起來並不容

詳細解說！

*1 心理諮商和心理治療有兩種不同的意義，一是代表獨立的學問和派別。二是被當成臨床心理學的介入技法（⬇P168）。

順便了解一下！

心理臨床學

*2 此為日本的獨特發展，結合了心理治療和心理諮商（⬇P22）。

※台灣的臨床心理師、諮商心理師都可提供心理諮商與治療。兩者差異在於①主要工作地點，②碩士班養成過程與實習地點，③業務範圍

易，因此多半採行心理諮商的手法[2]。

於是乎，日本在沒有明確區分這三者的情況下，持續發展臨床心理學，不像歐美有明確的差異性。

三大學問的差異

臨床心理學、心理諮商、心理治療有下列幾項特徵。

	臨床心理學	心理諮商	心理治療
目的	解決各種問題（精神問題、情緒問題、行為問題、生理問題）。	幫助問題比較輕微的案主，讓他們的內在獲得成長。	緩和煩惱，讓有問題的人格產生良性的變化。
介入方法	配合問題的癥結，導入各種心理介入手法。	在面談中引起案主的共鳴。	遵循創始者的理論，重視治療師（心理治療的實踐者）和案主的聯繫。
所屬	心理學系。美國和英國的臨床心理師，必須取得博士學位。	教育學系。	私人研究機構。
特徵	介入對象包含個人、學校、企業，和地方社會等社區也有聯繫。	諮商師（心理諮商的實踐者）的人品比專業性更重要。	不同學派的理論和實踐方法不同。

心理諮商看重的是自我表現，心理治療則依循特定的理論。臨床心理學則仰賴專業的心理學知識，進行各種實務活動。

※本文介紹之內容主要針對歐美和日本為背景，與台灣現今發展較不同。

之法規，僅臨床心理師可依醫開具之診斷及照會或醫囑執行「精神病或腦部心智功能之心理衡鑑與治療」。

臨床心理學的歷史～世界篇①

隨著自然科學發展，對異常行為也有不一樣的認知

在歐美近代化的趨勢下誕生

古代人們是站在宗教的角度，認為心理異常的人是受到惡魔控制。相對地，古希臘醫聖希波克拉底把精神障礙分為躁鬱、憂鬱、精神錯亂等類別，並歸咎於腦部的異常。

不過，三世紀以後基督教在西歐崛起，精神障礙又被當成了宗教性的問題，精神病患者也成了獵巫的對象。

一直到近代科學發展後，人們看待異常行為的觀念才有改變。一八七九年德國的馮特開創心理學實驗室，以實驗科學的手法研究人類的意識，這就是心理學的起源。同一時期還誕生了精神醫學，主要是從生理觀點來看待精神病和異常行為。這些學問日漸發展下去，**到一八九六年，維特默在美國賓州大學創立心理研究所，這就是臨床心理學的創始經歷**[*1]。臨床心理學算是一門相當新的學問。

各學派成立

在臨床心理學的草創時期，各方學派對「人心」有不同的見解，因此也誕生出不一樣的理論。比方說，奧地利的佛洛伊德提倡「精神分析（⬇P174）」，透過意識和無意識的觀點來剖析人心。「行為治

詳細解說！

*1 維特默開設心理研究所的時候，首次在美國心理學會當年度的總會上，舉辦了一場探討「臨床心理學」的講解，這就是臨床心理學誕生的起源。不過，他提出的臨床心理學適用範圍並不廣泛，只是把實驗得來的知識用於診斷智力障礙或學習困難的兒童，並提供矯正的教育。不像現在這樣有廣泛而全面的應用。

療（⬇P180）」是透過客觀行為來理解人心。「案主中心治療（⬇P170）」則是把個人的主觀世界當成理解對象。**臨床心理學有眾多學派誕生，跟近代化形成的市民社會有關**，這一點跟自然科學的發展一致。當古老的群體瓦解，人們失去「心靈上的療癒」，就會產生不安和孤獨感。各學派的心理學療法，就是用來解決這類問題。

西歐社會的近代化

古代～中世紀

共同體社會

- 共有宗教和神話。
- 區域性的聯繫。

近代化 → 瓦解

近代～現代

個人主義社會

- 共同體瓦解。
- 傳統的宗教或神話世界觀的瓦解。
- 重視客觀性的科學逐漸發達。

結果

- 每個人必須獨立生存下去。
- 失去信仰和群體所帶來的「心靈療癒」。
- 個人主義帶來特有的孤獨和不安。

研究「人心」這項概念的學問（心理學）日漸發展。

發展出心理治療來解決心理問題。

臨床心理學的歷史～世界篇②

驗證數據乃時勢所趨，臨床心理學也開始近代化

臨床心理學邁向近代化

臨床心理學創始之際，有各種不同起源的學派，並不是一門統一的學問，不同的私人學派各自為政。直到二十世紀中葉，臨床心理學受到社會風氣影響，才不得不做出改變。

起因是二次世界大戰以後，許多美國的退役士兵出現了PTSD（⬇P142）的症狀。現存的醫療無法幫助那些士兵，需要臨床心理師來照料他們。於是，這才制定出臨床心理師的培育制度，以及教育訓練的體系。臨床心理師終於被視為一門專業，沒有被排除在社會制度外。

另外，各學派互相對立[*1]也帶動新的趨勢。一九五二年，英國的艾森克對心理治療的效果表示懷疑，引發了一場論戰。越來越多的業內人士，開始做研究檢討活動效果。人們逐漸重視資料的實證性，不再以各學派的教義和理論為依歸。**這也確立了「實證本位」**（⬇P34）**的研究方法。**

學問的統一性和專業性

實證本位的思維普及後，各學派的臨床心理學療法也獲得了驗證。研究者得以利用客觀的數據，向社會證明臨床心理學的有用性。人們終於承認臨床心理

詳細解說！

*1 當時，不同的心理治療學派各自有人提倡不一樣的理論，活動也不公開透明。大家只顧強調創始者有多偉大、學派的理論有多正統，並以此作為理論的依據。結果，也間接導致各學派互相對立。

*2 隨著「社會化」的發展，臨床心理學被社會系統接納，同時也開始重視科學的研究和實證。這都跟臨床心理學的「近代化」息息相關。

學是一門專業的學問[*2]。

而關鍵在於，研究證實沒有一套萬能的療法可以解決所有的問題，不同的問題必須挑選合適的方法來應用。臨床心理學終於有機會跨越學派，變成一門有系統的學問。歐美國家近代臨床心理學的基礎，就在於實證本位的研究方法。

臨床心理學的變遷

1879	馮特創立心理學實驗室
1895	佛洛伊德研究歇斯底里
1896	維特默創立「心理研究所」，臨床心理學一詞隨之誕生
1900	佛洛伊德發表「夢的解析」
1902	巴夫洛夫發表「古典制約」
1905	比奈發表「智力研究」
1920年代	華生進行恐懼制約實驗（發展行為治療的創舉）
1936	第一部臨床心理學教材出版
1942	羅傑斯提倡案主中心治療
1945	康乃狄克州制定心理學家的相關認證制度
1946	維吉尼亞州制定臨床心理師的相關法律
1948	史金納實施操作制約（行為治療）
1952	艾森克批判心理治療
1962	艾理斯實施理情行為治療（認知行為治療）
1965	波士頓會議（成立社區心理學）
1976	貝克實施憂鬱症的認知治療
1980	美國精神醫學會出版DSM－III〔詳見126頁〕
1990年代	懷特提出敘事治療

創始於十九世紀後期的臨床心理學，在第二次世界大戰以後，被美國的社會制度接納，終於成為一門專業的學問，同時也有了飛躍性的進展。

臨床心理學的發展
3

臨床心理學的歷史~日本篇

戰後，歐美的臨床心理學知識迅速傳入日本，並有獨特的發展趨勢

一開始傳入日本發展並不順利

近代的日本也有一些符合風土民情的心理治療法，好比森田療法（⬇P202）等等。**但要一直到二次世界大戰以後，臨床心理學才算正式起步。**

從戰後到一九六〇年代初期，歐美文化傳入日本，日本的社會架構產生轉變，人們期待臨床心理學傳入日本，也希望看到更進一步的發展。一九六四年成立了日本臨床心理學會，但一九六〇年代末期到一九七〇年代初期，學會對臨床心理師的認證資格互有歧見，因此相關人士無法有效組織化。

戰後，臨床心理學在日本發展的速度飛快，但日本臨床心理學會缺乏實際作為，發展的腳步也逐漸放慢。結果，**反而是心理治療受到大眾矚目**。一九八二年，國內成立日本心理臨床學會，提出了獨特的「心理臨床學（⬇P16）」[*1]。

社會期望和今後課題

一九八〇年代後期，終於有了臨床心理師的認證制度，主要由財團法人進行認證。日本的臨床心理學踏出了嶄新的一步，但要獲得社會大眾認同，還有許多問題尚待解決，**好比安排完善的教育系統，並由國家認證專業資格等等。**

詳細解說！

*1 心理治療多半只重視創始者的理論，缺乏實證性。因此，心理治療與現實社會的交集並不多，跟重視科學研究的學術性心理學也鮮有交集，有孤立化的傾向。

*2 戰後，急就章發展的臨床心理學無法處理日本當時的社會狀況，也算不上一門正式學問。相對地，探究日本人潛意識的心理治療受到廣泛認可，社會也開始接納心理上的援助活動。然而，日本跟海外各國一樣，都需要心

到了一九九〇年代，層出不窮的社會問題發生，也證實人們需要專家來解決心理問題。首先，日本的校園霸凌問題日益猖獗，學校需要臨床心理師擔任心理諮商顧問。阪神大地震的受災戶，還有快速增加的愛滋病患者，也都需要臨床心理師的支援。臨床心理師必須和其他專家聯手，發展出符合日本國情的臨床心理學*2，才能應付多樣化的社會需求。

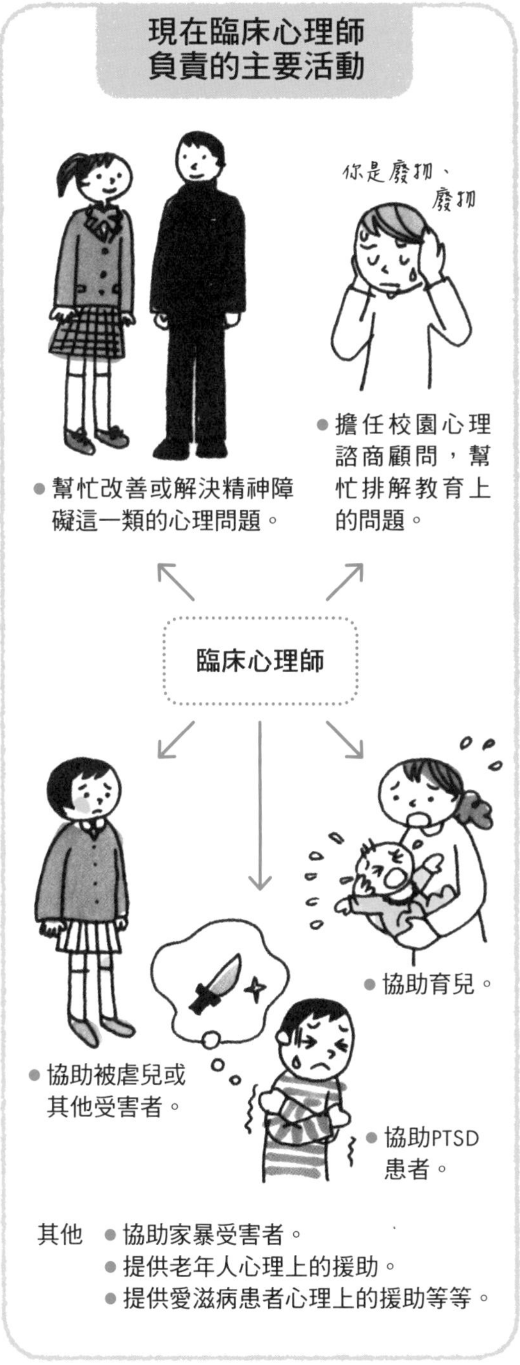
現在臨床心理師負責的主要活動
你是廢物、廢物
臨床心理師
● 幫忙改善或解決精神障礙這一類的心理問題。
● 擔任校園心理諮商顧問，幫忙排解教育上的問題。
● 協助被虐兒或其他受害者。
● 協助PTSD患者。
● 協助育兒。
其他 ● 協助家暴受害者。
● 提供老年人心理上的援助。
● 提供愛滋病患者心理上的援助等等。

理照護來解決現代人的問題。所以，臨床心理學的發展和變遷，必須考量日本人的觀點，以及全世界的標準規範。

臨床心理學的活動
1

臨床心理學的實務活動①

協助案主解決心理上的問題

實務活動的進行方式

臨床心理學的實務活動，就是提供實際的協助，來解決案主的心理問題。這也是臨床心理學的基本活動，實務活動的過程如下。

首先，要釐清問題的原因何在，此一步驟又稱為評估（Assessment）。具體來說，會找案主或案主的家人來面談，並透過觀察和測驗，分析案主和家人的性格及狀況。接下來，再利用有系統的方式蒐集異常行為的相關訊息，加以分析。這些結果經過綜合評斷後，**臨床心理師會假設問題的成因，思考改善的方針。**

下一步，才是**著手改善或解決問題，這又稱為介入**[*1]。

不過，心理問題的成因多半複雜難解，幾乎不可能只靠一次介入就解決。通常要反覆進行評估和介入，再由臨床心理師檢討效果。

理解問題需要專業知識

評估、假設成因、檢討效果這幾個步驟，都會參考發展臨床心理學（➡P77）、異常心理學（➡P121）等心理學論述和見解。

不同學派的心理治療論述，也是參考的對象。比方說，介入個人內心的「案

詳細解說！

*1 又稱為「心理性介入」。

*2 現實中的案例往往複雜難解，不只跟個人的內在層面有關，還牽涉到行為和社會性的因素。因此在實務活動中，需要應用各種知識、理論、技巧。

主中心治療（⬇P170）、精神分析（⬇P174）、分析心理學（⬇P178）。另外還有介入個人行為的行為治療（⬇P180）、認知行為治療（⬇P184），以及介入社群的社區心理學（⬇P194）、家庭治療（⬇P188）等等。不同的介入對象有不同的理論可供參考[*2]。

實務活動的流程

實務活動有以下幾個程序，先評估再行介入，並視需要重新審核修正。

評估

臨床心理師會對案主做三件事
- 面談
- 觀察
- 測驗

參考 ⇒

- 發展臨床心理學
- 異常心理學
- 社區心理學
- 心理治療的各派理論

↓

釐清問題所在（假設問題發生的病理）

↓

訂立解決問題的方針

↓

介入

重新審核、修正方針

實際處置問題

臨床心理學的活動 2

臨床心理學的實務活動②

實務活動需要溝通能力和另外兩大技能

實務活動三大技能

臨床心理學的實務活動需要三階段技能，分別是**「溝通技能」「個案管理技能」「系統組織技能」**。

首先，臨床心理師要透過面談等「溝通」手法，和案主建立信賴關係，並利用這份信賴關係解決問題。這是實務活動的基本技能。

接下來，要從專業的角度判斷問題，再根據判斷的結果決定介入方針，關鍵在於執行有效的介入方式。因此，臨床心理師需要「個案管理技能」，這是實務活動的核心技能。

最後，要聯合醫院、學校、行政等社會體系，建立相互合作的關係，讓臨床心理學有一個易於發揮社會作用的環境。這種技能又稱為「系統組織技能」，在實務活動中算是比較有發展性的技能。

實務活動需要知識和社會性

臨床心理師在進行實務活動時，會應用各種理論和知識。除了臨床心理學以外，還需要心理學、醫學、生物學、社會福利學、法學等廣泛的知識。

近年來，臨床心理師開始在教育、醫療、保健、社福、司法、更生、產業等

詳細解說！

*1 現在，臨床心理師主要活躍於五大領域，不同領域的臨床心理師也有不一樣的行事特徵。關鍵在於，要依照不同情況進行實際活動（⬇P274）。

順便了解一下！

生理—心理—社會模式

*2 生理—心理—社會架構三方互相聯繫，這是最理想的合作架構。醫生和護理師提供生理照護，臨床心理師提供心理（行為）照護，社工人員提供社會（制度）上的照護。

領域活動[*1]。**要在不同領域發揮作用，就得跟醫生、護理師、社工人員等專家協同合作**[*2]。臨床心理師必須具備醫學、護理學、社會福利學等專業知識，以及和其他專家合作的社會性。

實務活動的必要技能

基本技能

溝通技能

- 交心的對話 ● 評估性的對話
- 介入性的對話 ● 社會性的對話

透過面談等方式，和案主直接溝通，建立起一同解決問題的信賴關係。需要心理諮商的基本技能，以及評估和介入時所需的溝通技能。

↓

核心技能

個案管理技能

- 評估 ● 心理治療 ● 個案概念化〔➡48頁〕
- 危機介入〔➡226頁〕
- 轉介〔➡230頁〕
- 諮詢〔➡228頁〕

掌握個案問題，決定改善的方法和方針，實際進行介入。之後檢討介入結果，進行改善和修正。這是妥善經營實務活動的技能。介入是這個階段的主要活動，有介入個人，也有聯合其他專家介入社區或組織系統的情況。

↓

發展技能

系統組織技能

- 和其他領域的專家協同合作
- 領袖氣質 ● 組織經營能力
- 調整能力 ● 心理衛教〔➡232頁〕

這些技能旨在安排一個妥善的環境，好讓臨床心理學的實務活動可以發揮良好的社會活動功能。在這階段，社會性比臨床技能更重要。

不同角色要各司其職，互相合作〔⬇P42〕。

臨床心理學的活動
3

臨床心理學的研究活動

證明實務活動的效益，印證新的技巧和理論

為何需要研究活動

臨床心理師在進行實務活動時，要時刻檢討自己使用的方法，是否真的對案主有益。**用科學方式檢討實務活動，又稱為「研究活動」**[*1]。

臨床心理學的研究架構

近年來，臨床心理學的研究活動累積了深厚的知識，也發現某些問題應該使用特定的方法比較有效。不過，不同個案的狀況並不相同，也有不適用慣例的狀況發生。

因此，要先假設問題發生的成因，再根據假設決定介入方針。之後，利用實務活動得到的數據，檢討假設的正確性，並修正介入的方針。換句話說，實務活動要先假設原因，再進行檢討，這也算是臨床心理學的研究活動。

更進一步解釋，這些假設要有通用性，才能應用在其他的案例上。透過研究找出有通用性的假設，又稱為「實踐性研究」。**用實驗或調查之類的科學方式，檢討假設的通用性，又稱為「實踐相關研究」**。

誠如左圖，研究者反覆進行**「實踐性研究」**和**「實踐相關研究」**，才有新的理論（模型）產生。臨床心理學的研究

詳細解說！

*1 近年來，研究活動不只找出了有用的介入方法，也闡明了沒效果的介入方法。

*2 這一連串的過程，需要實踐性的態度，以及研究者和科學家的專業技能。這種「科學家和實務者模式」，目前在歐美的臨床心理學界受到廣泛的重視（⬇P32）。

活動，和實務活動互有關聯，也會互相提攜發展[*2]。

藉由這些研究活動，臨床心理學得以用科學的方式，向大眾證明其有效性。

換言之，**研究活動也是「專業活動」的一環**。臨床心理學的實踐、研究、專業是密不可分的。

研究活動的架構

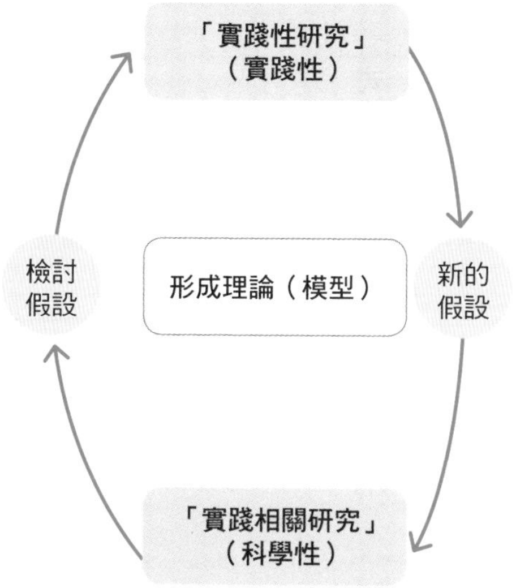
「實踐性研究」（實踐性）
新的假設
「實踐相關研究」（科學性）
檢討假設
形成理論（模型）

透過「實踐性研究」成立新的假設，再利用「實踐相關研究」檢討其內容。經過這一連串的過程，才有新的理論（模型）誕生，臨床心理學也才有更進一步的發展。

臨床心理學的活動

4

臨床心理學的專業活動

這是一門追求社會貢獻的專業性學問

學問的專業性和社會的專業性

臨床心理學是一門專業的學問，主要透過「專業活動」來付出社會貢獻。臨床心理學必須對人民解釋自身的有用性[*1]，建立一套臨床心理師的教育制度，讓人民可以安心使用這一門學問。而相關的活動也必須納入社會制度之中。這一連串的作業，都是臨床心理學的專業活動。

臨床心理學是由三大活動組成，分別為專業活動、實務活動、研究活動。這些活動就像左頁圖示一樣，彼此互有影響，也有互相重疊的部分。

首先，實務活動是臨床心理學的基礎，涵蓋評估和介入這兩部分。實務活動也涵蓋一部分的研究活動，也就是「實務性研究」。透過研究活動證實臨床心理學的有用性，才能確立臨床心理學「**學問上的專業性**」。接下來，還要確認這一門學問的專業性有社會貢獻，其「**社會的專業性**」才會受到認可。

社會制度上的認可

臨床心理學的社會專業性，近年來在海內外都受到了認可[*2]。美國從一九四五年起，就有臨床心理師的相關法規，以及教育和訓練制度，連職業倫理都有規範。而在英國，英國心理學會認證的臨

順便了解一下！

說明責任

*1 專家在進行活動時，必須提供社會大眾相關資訊，而且有責任和義務對社會大眾解釋活動的存在意義，這又稱為責任承擔。好比醫療和社福工作，同樣要盡到說明義務，讓大眾承認其社會貢獻。在社會制度中獲得一席之地，這樣才算有社會的專業性。

*2 在台灣，民國九十年十一月二十一日《心理師法》由總統公布實施，正式成為國家官方認可的專

臨床心理學的整體架構

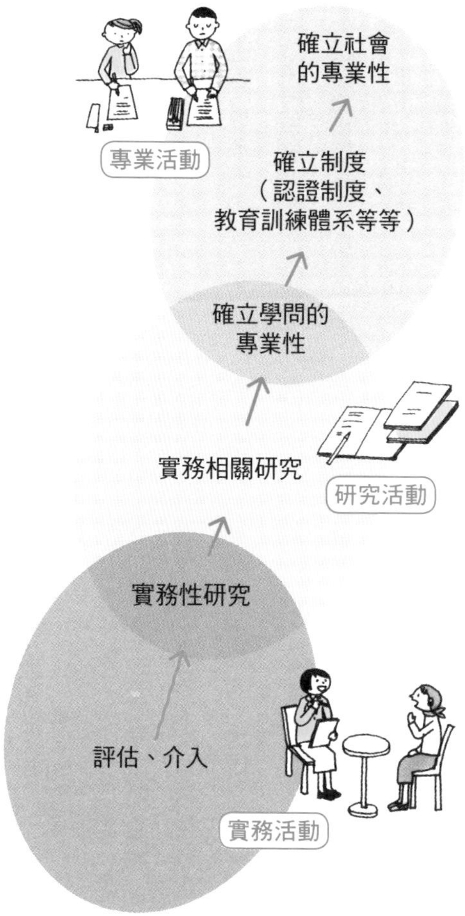
確立社會的專業性
專業活動
確立制度（認證制度、教育訓練體系等等）
確立學問的專業性
實務相關研究
研究活動
實務性研究
評估、介入
實務活動

實務活動、研究活動、專業活動並非各自為政，而是像上圖一樣互有重疊。為了讓社會認同這是一門專業學問，必須確立學問的專業性和社會的專業性。

床心理師，會進入國民健康服務機構，擔任準公務員，發揮其專業技能，保持國民的精神健康。

日本自九〇年代以來，出現各種教育問題，包括考試壓力、學生逃學、霸凌問題等等，校園有導入心理諮商師的必要。政府首次動用國家預算，支援臨床心理學的專業活動，臨床心理師總算被當成社會上的專業職缺。時至今日，臨床心理學界也有具體的活動，安排妥善的認證制度，以及教育和訓練體系，讓一些專業活動有更進一步的發展。

業。欲成為心理師者，在取得執照前須修畢研究所課程、完成臨床實習與研究論文，方得參與國家考試。通過國考後才能取得執照執業。

臨床心理學的基本理念 1

科學家和實務者模式

兼顧科學和實務性，是臨床心理師的基本態度

科學的態度乃必備條件

研究臨床心理學需要兩大素養，**一是身為心理學研究者的科學素養，二是身為臨床心理師的實務素養。這又稱為「科學家和實務者模式」**，一九四九年美國召開的波德會議[*1]，奠定了這樣的為學態度，也是表達臨床心理師專業素養的基本理念。

這兩大觀點中，日本認為「科學」這個字眼的冰冷形象，似乎不適合臨床心理學這種探究「人心」的學問。的確，解決人類的心理問題，尊重案主的主觀性和自我，乃是臨床心理學的實務基礎。

不過，臨床心理學處理的不見得是主觀的煩惱，太過拘泥主觀性，臨床心理師的活動可能會失去客觀性。為避免類似情況發生，**應該用客觀的角度分析問題，也就是要具備科學的態度。**

兼顧「科學性」和「實務性」

臨床心理師需要的科學素養，不只是做一些經過量化的科學研究。客觀地觀察事實，檢討自己訂下的假設，再依照證據採行合理的手法和思維，這些都是科學素養的一環。好比左圖那樣，**即使在實際評估和介入的場合，也要從科學的觀點來進行。**

詳細解說！

*1 這一場會議的另一個結論是，臨床心理師除了要接受實務技能的訓練，還要寫出有科學性的心理研究博士論文。

然而，日本現今的臨床心理學並沒有兼顧科學性和實務性。日本在培育臨床心理師的過程中，也缺乏研究的相關訓練，科學家的素養並不受到重視。今後日本的臨床心理學必須解決這一大課題。（※在台灣的臨床心理師訓練亦以「科學家—實務者模式」為背景架構。這也是心理師執照考取基本資格定在「碩士」的原因。為確保心理師有完成基本研究的能力（科學家訓練），並於實習累積實務經驗（實務者訓練）。）

實務活動講究科學態度

即使進行評估和介入，也要從科學的觀點出發。

評估活動

- 確認評估的方法是否妥當，有沒有不足之處。
- 以科學觀點解讀評估結果。

介入活動

- 確認施行的介入方法是否妥當。
- 確認介入方法是否有效。

進行評估和介入這一類的實務活動時，也要根據科學觀點進行檢討和改善。

臨床心理學的基本理念 2

實證本位

從科學實證的觀點發展臨床心理學

遵循實證的臨床心理學

「實證本位」是近代臨床心理學的基本理念，這是**根據科學實證來提供心理協助的一種思維。**

臨床心理學發展之初，有各種學派的心理治療方法。對於各派夾雜的臨床心理學，有人開始懷疑心理治療的效果。臨床心理學為了向大眾釋疑，才發展出實證本位的理念。有了實證本位的觀念後，心理治療各學派不再對立[*1]，臨床心理學也朝整合的方向發展，終於成為一門專業的學問。

和其他職業協同合作

實證本位**不只帶動臨床心理學內部整合，對外和其他職業合作時，也起了極大的作用。**

比如，案主本身的狀況多半和精神醫學的問題息息相關。因此，臨床心理師必須和精神科醫師，還有其他專家進行妥善的溝通，以達到合作效果。各方專家會秉持實證本位的共同理念，一同剖析問題的癥結，研究和開發有效的介入方法[*2]。

這些協同合作的專業活動，可以讓臨床心理學更加受到社會大眾的認可。（※

詳細解說！

*1 佛洛伊德的精神分析（⬇P174），就是從主觀的角度來看待人心。史金納和艾森克提出的行為治療（⬇P180），則是從客觀的角度來觀察人心，比較重視科學性。結果，雙方對立了起來。

順便了解一下！

DSM（精神疾病診斷與統計手冊）

*2 臨床心理學和精神醫學共同合作時，會採用「DSM」的分類方法，

實證本位的發展

實證本位的誕生

草創期 **各學派採用自家理論進行活動**

各學派互相對立，爭論哪一家學派的心理治療方法有用。

↓

1952年 **研究行為治療〔➡ 180 頁〕的艾森克表示**

心理治療毫無效果

心理治療的介入效果研究，逐漸受到重視。

↓

1977年 **史密斯進行大量的科學分析，發現心理治療的有效性相對較高**

哪一學派的心理治療有效不再是重點，如今重點變成了哪一種問題適合採用哪一種心理治療。

學界持續研究「面談技巧的相關實證」、「評估的相關實證」，一直發展到今天。

實證本位下的實務活動

根據實證本位的思維，實務活動應該按照下列方法行事。使用這些方法，可以檢討不同介入方法的效果，其他臨床心理師也能活用於實務上。

1. **使用基本的評估方法，從客觀角度檢討案主的變化。**
2. **研究介入方法的效果，改善介入方法。**
3. **用有系統的方式整理研究結果，並向社會大眾公布，有利於第三者使用。**

在台灣，臨床心理師除了與精神科醫師合作之外，與其他醫療專業合作的狀況日益頻繁。如睡眠中心、早療、婦產科、兒科、腫瘤科、安寧病房、家醫科、心臟科、復健科、神經科等。）

來作為作為共同的判斷基準（⬇P126）。

臨床心理學的基本理念 3

生物—心理—社會模式

各方專家要互相合作，解決案主的問題

三大要素和方法

過去，醫療界只從生物學的觀點來分析疾病，肉體是唯一的治療對象。不過，這種生物醫學模式[*1]有其極限，取而代之的是「生物—心理—社會模式[*2]」。

這個模式由**生物**、**心理**、**社會三方構成**。首先，生物指的是細胞、遺傳、神經、細菌等疾病的成因。生物層面主要由醫生、護理師負責處理，手術、藥物治療、復健為主要的治療方法。

心理層面指的是認知、信念、感情、壓力等要素，主要由臨床心理師透過認知行為的手法治療，好比心理治療或心理衛教（⬇P232）。心理層面旨在改善思維（認知）和行為，讓案主對自己的疾病或周圍環境，做出適當的應對。

社會層面包含家庭和區域的人際網絡、生活環境、經濟狀況、人種及文化等因素。主要由社福人員、兒童福利司負責，透過社會福利的方式，提供案主家庭上的協助，或者給予其他的社會福利，讓案主參加回歸社會的訓練等等。

建構支援網路

這個模式的關鍵在於，各領域的專家不該各自提供擅長的服務。

人類生活涵蓋生物、心理、社會層面，

詳細解說！

*1 這種醫療模式是以醫生為主，臨床心理師、護理師、社福人員則為輔助病患（⬇P14）的角色（輔助醫療人員）。

*2 一九七七年，羅徹斯特大學的精神科醫生恩格爾提出的理念。恩格爾提出這一項理念的原因在於，當時醫學要處理的問題日漸多樣化，範圍涵蓋生活習慣疾病、疼痛，還有壓力造成的疾病等等。從細菌或病毒等生物學的角度施行治療，已經遠遠不符合效益。

任何一項層面最終都會影響到其他層面。因此，**不同的專家要建構合作網絡，尊重彼此的專業性，互相合作。**

生物—心理—社會模式的構成要素

各方專家應該按照下圖的架構，組成合作網絡，一同排解案主的問題。

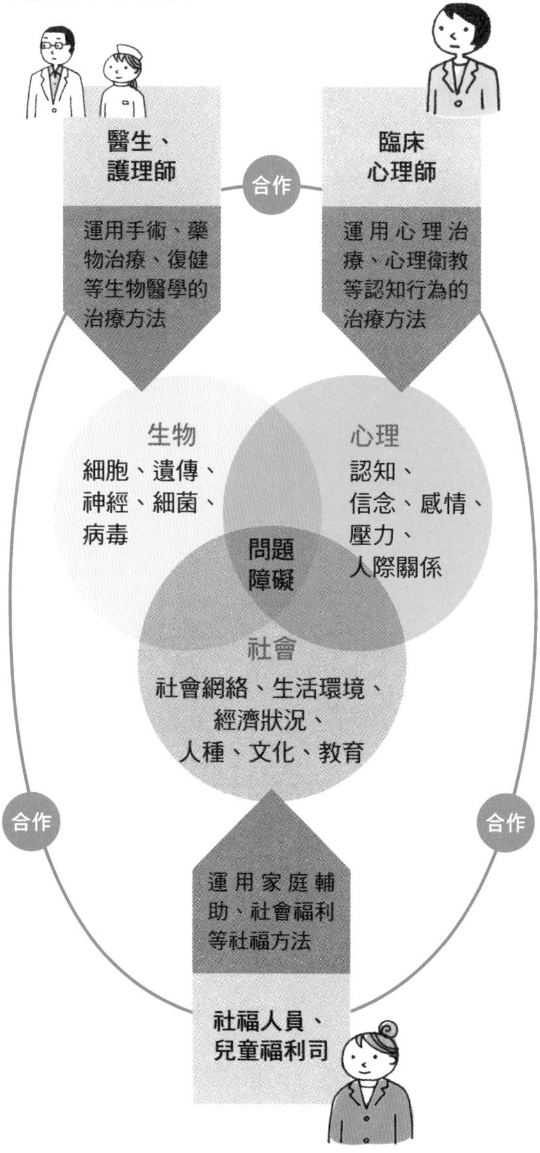
醫生、護理師
運用手術、藥物治療、復健等生物醫學的治療方法
合作
臨床心理師
運用心理治療、心理衛教等認知行為的治療方法
生物
細胞、遺傳、神經、細菌、病毒
心理
認知、信念、感情、壓力、人際關係
問題障礙
社會
社會網絡、生活環境、經濟狀況、人種、文化、教育
合作
合作
運用家庭輔助、社會福利等社福方法
社福人員、兒童福利司

臨床心理學的基本理念 4

敘事法

重視案主訴說的經歷，而非客觀的事實

著眼於案主本身的「故事」

「敘事法」的概念始於九〇年代，後來心理學和臨床心理學界開始重視「敘事」和「故事」這類的概念。

敘事法看重案主訴說的經歷[*1]，而非客觀的事實。**就算案主陳訴並非事實，還夾雜了虛假的部分，本人能夠接受的故事才是真相**[*2]。

「敘事治療（⬇P198）」是一門看重敘事的介入方法，主要由案主講述自身的經歷。並在講述的過程中，賦予過去的認知和經驗不一樣的意義，讓案主接受自己過去的故事，進而掌握解決問題的能力。

近代化浪潮的影響

近代化以前，宗教和神話的故事（Narrative）才是文化主體。當時，人們隸屬於小規模的區域共同體，遵從共同體中流傳下來的宗教或神話故事，按照當中的戒律生活行事。

不過近代化以後，這種小規模的共同體紛紛瓦解，宗教性的故事影響力大不如前。近代化讓人們失去了心靈上的依靠，精神也變得孤獨而不安定。心理治療的誕生就是用來排解這類問題（⬇P19）。

詳細解說！

*1 實證本位重視的是「科學的實證」，因此難以理解個人的故事和經歷。另外，這樣的準則看重的是多數派的意見，社會上的弱勢或少數派容易被忽略。以至於有人批判這一套方法，沒有注意到主流意見之外的群體。

*2 敘事法看重個人的故事和經歷，而非客觀的事實。不過，這套方法和重視科學的實證本位並非互相對立。臨床心理學的基礎仍為實證本位，敘事法則用來補其不足之處。

如今，我們生活在全球化的資訊社會中，成天接觸大量訊息。透過網路和手機等資訊工具，得以體驗到其他人的生活經歷。相對地，我們的人生卻失去了自己的故事性。在這種情況下，重新熟悉自己的故事和經歷，對人生有重大意義。

故事的演變

近代化以前

- 區域共同體有各自的宗教和神話故事，透過這些故事，人們得以自省內在。

↓

近代化以後

- 共同體瓦解，宗教性的「故事」影響力大不如前。
- 人們開始看重個人的「故事」。

↓

現代

- 生活在全球化的資訊社會中，個體的「故事」更加重要。

我們生活在現代的資訊社會中，也聽說了不少關於生活哲學的「故事」。就結果來看，這種行為可能導致我們失去自己的故事。因此，敘事法在臨床心理學中，已經占有重要的一席之地。

臨床心理學的基本理念

5

賦權

臨床心理師提供援助，讓案主有能力解決問題

源自法律用語的概念

在許多領域當中，都有「賦權」這樣的概念，好比醫療、社福、援助開發中國家等等。本來這是指「賦予權利或權限」的法律用語[*1]。後來，社會福利學納入此一概念，如今的意義是**「受到歧視或壓榨的弱勢族群，重新找回自行解決問題的能力」**。

臨床心理學的案主就是難以自行解決問題的人。臨床心理師本該提供協助，讓他們主動解決自己的問題。可是，臨床心理師只顧著提供輔助，反而會剝奪案主的判斷力和解決問題的能力，對臨床心理師產生依賴性。

因此，**「知情同意」**是不可或缺的要素。臨床心理師只能提供選項，事先說明輔助內容，最終還是要尊重案主的主體性。

賦權該留意的重點

實踐賦權概念的時候，提供協助的一方必須留意一個重點，那就是不能放棄責任。

提供選項，讓案主自己選擇解決問題的方法，**不代表一切要聽憑案主安排**。臨床心理師應該秉持專業身分，和案主討論彼此的見解，尋找雙方都能接納的

詳細解說！

*1 一九六〇年代，這個字眼被用在美國民權運動和一連串的社會改革活動，後來才廣泛應用到醫療、社會福利等支援性的領域上。

*2 臨床心理師該做的是假設問題成因，安排介入方法。這又稱為「個案概念化」（⬇P48），要在徵求知情同意的時候說明。就算介入計畫和案主需求不符，臨床心理師也該負起責任，提供自己的專業建議。

部分。這樣的程序至關重要[*2]。

賦權的過程

實務活動要經過下列程序，案主才能感受到自己有選擇的權利。

① 進行評估

臨床心理師會透過面談、觀察、測驗，假設問題的成因，擬定介入計畫（個案概念化）。

↓

② 徵求知情同意

臨床心理師提供專業的見解，讓案主了解有哪些介入方法（個案概念化）可以改善或解決問題。

↓

③ 聆聽案主需求

↓

④ 討論

從複數的選項中，推敲雙方都能接納的選項，談到彼此都能接受為止。

↓

⑤ 決定介入方針

讓案主一同決定介入方針，就是在尊重案主的主體性。這可以讓案主感受到自己獲得了選擇的權利。

臨床心理學的基本理念 6

協同合作

擁有不同專業的人，互相合作解決問題

不同職業的人共同合作

所謂的「協同合作」是指**立場不同的個人或機構，為了達成共同目的，一起承擔同樣的責任，分享彼此的資源，並用對等的方式提供意見，進而採取實際行動**。也就是不同職業或立場相左的人[*1]平等共事、互為影響的合作體制。

一九七〇年代，協同合作的概念在歐美逐漸普及，直到一九九〇年代，才在醫療、社會福利、教育等領域獲得重視，這些領域主要提供各種支援性質的服務。日本一直到二十一世紀才開始關注此一概念。除了協同合作以外，不同職業還有其他合作方式。比如，諮詢（⬇P228）、轉介（⬇P230）、協調（⬇P230）等等。

協同合作的好處

協同合作主要有以下三大好處，第一是**對案主有益**。專家合作有相輔相成的效果，能提供更多樣化的服務。

第二，**提供輔助的一方也有好處**。由一整個團隊共同協助案主，可防止部分專家承受過重的負擔。跟其他業種的專家溝通，也能重新檢討自己的專業。

第三大好處是**可以提供新的輔助**。立場相左的人直接見面詳談，能夠更清

詳細解說！

*1 這裡指的立場相左，也包含專家以外的人，好比案主的家人等等。

*2 想要發揮協同合作的效果，有許多課題要先解決。比方說，因為是一整個團隊共同訂立援助計畫，限制會比單獨提供協助要來得多。不同專家可能太講究彼此的專業，面對案主的變化，還要細膩調整應對的方針和目標，這些都不容易。要解決這些問題，得花更多工夫共享資訊，互相尊重彼此的

楚掌握案主的需求，開發新的解決機制*2。

協同合作的形式

協力合作幫助憂鬱症學生

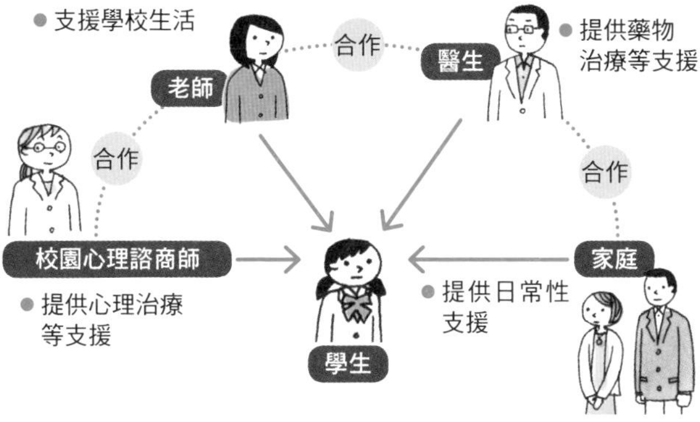
● 支援學校生活
老師
合作
醫生
● 提供藥物治療等支援
合作
合作
校園心理諮商師
● 提供心理治療等支援
家庭
● 提供日常性支援
學生

協力合作幫助老年人

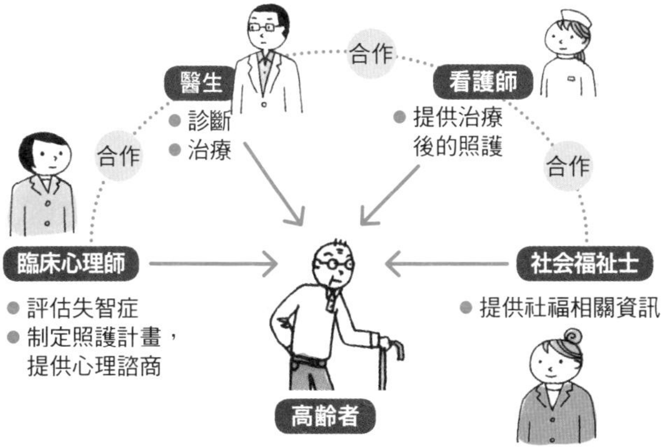
醫生
● 診斷
● 治療
合作
看護師
● 提供治療後的照護
合作
合作
臨床心理師
● 評估失智症
● 制定照護計畫，提供心理諮商
社会福祉士
● 提供社福相關資訊
高齢者

不同立場的人提供各自的專業知識和輔助，一起解決問題。互相合作的不只是醫生、臨床心理師、護理師這一類的專家，還有家人和其他相關人士。

專業。總之，要下不少的苦功才行。

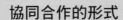

臨床心理師的工作案例 1

初次面談

高中二年級的愛美同學，在母親的陪同下，前往大學附設的臨床心理諮商室。那一間心理諮商室，是精神科診所的醫生介紹給她們的。負責接待的臨床心理師詢問愛美同學有何難處？愛美同學的母親代為回答，主要有以下幾個問題。

- 從中學二年級開始，愛美同學每天早上會確認自己有沒有忘記帶東西。結果現在確認的次數太過頻繁，沒辦法準時到校。
- 此外，愛美同學覺得自己的手很髒，還有頻繁洗手的毛病。睡前還會不斷確認門窗有沒有關好。
- 近來愛美同學情緒低落，甚至有想死的念頭。

母親在談話的時候，愛美同學顯得非常緊張，而且戒慎恐懼。臨床心理師請愛美同學說說自己的看法，她才小聲地說，每天放學回家都覺得自己很髒，所以才一直洗手。連她自己都覺得這種行為很奇怪，不想再洗下去，偏偏不洗手又無法安心。

臨床心理師又提出了下列的問題。

- 症狀是從什麼時候開始的。
- 家庭成員和各成員的關係。
- 過去的病歷和現在的身體疾病。
- 過去的治療經歷。

精神科診所提供的介紹信上，也有記載之前的治療經過，並註明愛美同學患有強迫症，但她不認為自己有病，因此也不願意服藥，家人比本人更為頭疼。

本節重點

我們就從臨床心理師會碰到的案例，來了解一下實務活動的內容吧。

初次面談通常是讓案主或其家人自由閒聊，不夠的訊息再由臨床心理師提問補充。第二章 50 頁也會講到，案主可能會非常緊張或懷有戒心。關鍵在於觀察案主的狀況，尋找問題的成因，同時和案主建立信賴關係。

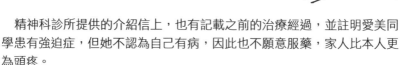

PART
2
評估

本章會介紹剖析問題的評估方式

本章主題

- 何謂評估
- 評估的實施方法
- 評估的技巧

何謂評估（衡鑑）

調查案主的狀況，制定解決問題的方針

評估和「診斷」的差異

「評估」又稱為「心理評估（衡鑑）」[*1]，是實務活動的第一步。**先蒐集和分析案主的資訊，對問題進行綜合性的評估**[*2]。解決心理問題要靠合適的介入手段（➡P168），這是尋思介入手段的必要過程。

評估和「診斷」也會被搞混，精神醫學把心理問題視為疾病診治，臨床心理學也有處理比較輕微的心理問題。評估對象不只有心理問題，還包括案主的心理傾向。從這點來看，評估和診斷的性質並不相同。

近來，評估的對象不只是心理問題或心理傾向，行為模式和生活環境特徵也包含其中。也就是從各種層面來蒐集案主的資訊。

評估的進行方式

誠如左頁圖示，評估時的資訊蒐集方法，主要有「面談法」、「觀察法」、「測驗法」。基本上要經過下列五個階段。

①**申請階段**：先確認基礎資訊（狀況或申請原由），接受案主的申請。②**準備階段**：根據上一個階段獲得的資訊，擬定評估的方案。③**資訊收集階段**：對案主進行面談、觀察、測驗，以蒐集必

順便了解一下！

評估的起源

*1 台灣正式稱為「心理衡鑑」，但「心理評估」也是心理師在醫院工作時與民眾溝通的通俗說法。有時則稱為「心理鑑定」，像是要評估個案是否有智能不足、失智、憂鬱等狀況時也可以這樣說。

*2 「評估」被當成心理學用語，是在第二次世界大戰的時期。當時，哈佛大學的研究員馬雷開發了一套方法，用來考評戰情局的成員，這就是最初的心理評估技術。那一套方

要的資訊。④**資訊處理階段**：綜觀資訊的分析結果，了解案主的問題，成立一個假設。⑤**結果報告階段**：視情況所需，將假設告知案主或相關人士。

評估時蒐集資訊的方法

評估時主要有以下三種資訊蒐集方法。臨床心理師會根據案主的狀況，搭配各種方法來進行全面的分析。

1 面談法〔➡P52〕

- 臨床心理師和案主直接面談，藉此獲得資訊。

主要種類
有結構化面談法、半結構化面談法、非結構化面談法等等。

2 觀察法〔➡P54〕

- 觀察案主的行為，藉此獲得資訊。

主要種類
自然觀察法、實驗觀察法、參加觀察法等等。

3 測驗法〔➡P56〕

- 請案主參加測試，藉此獲得資訊。

主要種類
智力測驗、人格測驗、神經心理學的相關測驗等等。

法看重的是當事人的領袖氣質、勇氣、人格價值等層面，因此沒有使用「診斷」一詞。

評估的基礎 2

個案概念化

假設問題的成因，安排更妥當的介入計畫

設立解決問題的藍圖

所謂的「個案概念化」*1會從以下幾個角度提出假設。例如，案主為何會產生那樣的問題？問題有怎樣的變化？為何問題始終沒有解決？該如何介入來改善問題？並於**支援案主的時候反映出這些問題**。這是一個很重要的程序，就好像繪製地圖前往目的地一樣。

事實上，臨床心理師會根據評估時獲得的資訊，配合每個案主的問題和狀況，排定出最適當的介入計畫*2。另外，提出假設後還要反覆進行驗證。萬一問題沒有獲得改善，就要繼續思考更適當的假設。

基本程序

個案概念化主要有以下三大階段。

第一階段是「問題明確化」。比方說，案主抱怨自己活著沒意義，臨床心理師要釐清這一類籠統的問題，找出案主抱怨的具體原因，了解案主想追求怎樣的變化。

第二階段是「檢討假設」來解決問題。也就是釐清改善的關鍵所在，提出一套假設，透過評估驗證假設的正確性。

第三階段是「建構假設」，也就是簡化資訊來解決問題。

順便了解一下！

案例制式化

*1 在日本，個案概念化又稱為「案例制式化」。

詳細解說！

*2 精神醫學是依照一般診斷分類來評估症狀的一套診斷系統。這種方法適合讓各方專家取得共識，但沒有考慮到症狀的成因和病灶。尤其心理症狀會隨時間變化，稱不上是有效的方法。個案概念化有考量到這些缺失，主要看重個案的症狀或問題的變化。

之後，實際執行介入方案，幫助案主解決問題，並多方檢討介入的效果。一旦案主沒有良性的變化，就要重新經歷這三個階段，以更適當的介入方式改善問題。

個案概念化的進行方式

第一階段

問題明確化

- 對案主進行面談、觀察、測驗等評估，獲得案主的資訊。
- 根據資訊釐清問題。
- 明確了解案主需要怎樣的協助。

第二階段

檢討假設

- 假設問題的成因和經歷。
- 繼續進行評估，印證假設。

第三階段

建構假設

- 對問題和介入方式提出全面性的假設。
- 根據假設和案主對談，確認目標。

實際介入以後，要多方印證假設的正確性。萬一介入沒有效果，就要重新經歷這三個階段，以更適當的介入方式改善問題。

初次面談

收集資訊釐清問題，同時顧慮案主的感受

初次面談的重點

面談是臨床心理師和案主直接接觸的機會，而「初次面談」是雙方第一次碰面，也是至關重要的碰面機會。有些案主容易緊張，戒心也特別強，臨床心理師要事先做好準備，讓案主可以放鬆參與面談*1。

蒐集資訊和建立信賴關係

蒐集資訊釐清問題，是初次面談的一大課題。首先，要請案主說出自己的煩惱，以及求助臨床心理師的原因。到了後半段，再由臨床心理師提問，補充案主沒有講到，或是講得不夠明確的資訊。不過，建立堅實的信賴關係，讓案主願意接受臨床心理師的幫助，這才是初次面談最重要的關鍵。

案主講述的不一定是問題本身，有可能是問題所引發的結果，或是問題的某個層面。為了釐清問題的核心，臨床心理師必須詳細蒐集基礎資訊，掌握問題的全貌，包括案主的主訴內容、前來求助的經過、過去和現在的病歷、生育史、過往的生活環境、身體疾患、家族病史（遺傳上的病因）等等。

面談時，臨床心理師務必正確聆聽案主提供的資訊。為了提供有效的協助，

詳細解說！

*1 臨床心理師要注意自己的服裝儀容，還有面談室的環境布置，這樣案主才能放鬆地參加初次面談。另外，還要事先記住案主的姓名，以及案主前來求診時提供的資訊。這些事前準備工作，是建立信賴關係不可或缺的措施。尤其，如果案主正處於青春期，或者不是自願前來求診的情況下，臨床心理師在剛開始面談的時候，得先說清楚面談的目的，以及臨床心理師的職責，連同面談所需的時間也要講明白。

臨床心理師要具備高超的對話技巧，並且重視案主的語言，以及非語言的溝通方式，好比動作、表情等等皆屬此類。

初次面談的程序

初次面談是臨床心理師和案主第一次碰面。

臨床心理師該注意的要點

- 正確聆聽案主的資訊。
- 注意案主的語言，以及語言之外的動作。
- 讓案主用自己的語言自由表示意見。
- 詢問案主沒有提到的資訊。

↓

初次面談順利的話，案主會有以下反應……

- 覺得臨床心理師了解自己。
- 願意跟臨床心理師一起解決問題。

↓

臨床心理師和案主之間建立起了信賴關係。

評估技巧 1

靠面談法蒐集資訊

看著案主的表情提問，從言談、動作、表情中蒐集資訊

面談法的好處

所謂的「面談法」，就是直接和案主對話，蒐集評估所需的相關資訊。面談法最大的特色在於，除了聆聽案主的談話內容外，還要觀察肢體動作和表情這一類非語言訊息。

案主可以確認提問的內容，臨床心理師也可以對案主的答覆提出進一步的疑問。因此，有助於臨床心理師蒐集更精確、更有內涵的訊息。為了刺激案主談話的意願，臨床心理師要發揮細心的特質。好比誠心聆聽案主的發言，將離題的對話溫柔導回正題，萬一案主不願意答覆某些問題，也不該勉強。經歷上述的過程，雙方才會建立信賴關係，這在臨床心理學又稱為「投契關係」。

面談種類和選擇方式

提問內容和對話順序有沒有事先決定好，這關係到面談的「結構性」。根據不同的「結構性」，面談法主要分為三大類型。

按照臨床心理師的準備進行面談，這稱為「結構化面談」。根據不同的對話方向，**追加或變更提問內容，則稱為「半結構化面談」**。讓案主自由閒談，**並在過程中深入核心則稱為「非結構化面談」**。

詳細解說！

*在醫療第一線，「結構化面談」是用來調查憂鬱症和其他精神障礙的手法。由於提問是固定的，因此有較高的客觀性，但得不到提問以外的資訊。「半結構化面談」有一定的客觀性，面談者又可以自由提問，找到新的發現。「非結構化面談」雖能獲得意外的資訊，但每一次得到的資訊恐良莠不齊。

一般來說，「非結構化面談」的用意，是要假設案主的病因。在已經提出假設的情況下，適合用「結構化面談」來驗證假設的正確性[*1]。臨床心理師在使用「半結構化面談」或「非結構化面談」時，會像左圖一樣運用各種技巧。

面談技巧的範例

臨床心理師會用下列的技巧與案主對談。

導入 首先，請案主說出臨床心理師想知道的問題。

追蹤 在談話過程中點頭稱是，重複提起重要的對話內容。

探索性提問 對案主進行試探，好比請案主深入談論某個問題。

明確性提問 聚焦重點後再行提問，好比詢問案主對某件事情有何感受。

直接提問 直接詢問某個問題，好比案主有沒有何種經歷等等。

間接提問 不詢問案主本身的經歷，而是詢問案主有沒有聽過其他人有類似的經歷，藉此來掌握案主的思考方式。

結構化 刻意引導對話方向，好比詢問案主不同層面的問題。

沉默 臨床心理師保持沉默，案主在面談停頓的過程中，可能會有其他聯想或內省。

解釋性提問 臨床心理師用自己的詮釋法，來確認案主本身的問題所在。或者，請案主清楚說出自己當下的心情和感受。

評估技巧 2

靠觀察法蒐集資訊

觀察案主的自然行為，對案主的負擔較少

確認案主在生活中的行為

所謂的「觀察法」是指在某種情況下，觀察當事人或當事人的行為，並進行評估的一種資訊蒐集方法。由於是觀察日常生活的自然行為，很適合用來評估當事人平日的舉止。如果案主的行為是引發問題的原因，也可以掌握其行為的頻率和強度。好處是嬰幼兒、身障兒、老年人、精障人士也能使用，對案主的負擔較少。

相對地，不能觀察個人隱私是這一套方法的極限。蒐集到的資訊過多，反而會失去資料的客觀性[*1]。

觀察法的種類和特徵

觀察法有分好幾種，主要依照不同情境和關聯來劃分。

不同情境的觀察法有分「**自然觀察法**」和「**實驗觀察法**」，前者觀察案主的自然行為，後者則是在設定好的情境下，觀察案主的反應。

不同關聯的觀察法有分「**參加觀察法**」和「**非參加觀察法**」，前者是臨床心理師參與案主的活動，觀察案主的反應，後者則是用單面鏡或攝影機，偷偷觀察案主的反應。

詳細解說！

*1 觀察法不只看重觀察到的結果，臨床心理師自身的觀察感想和情感，也是理解案主不可或缺的要素。臨床心理師平日要多多練習，了解自己看待事物的感性和思維模式，才能蒐集到比較客觀的資訊。否則，難以進行多元、有深度的評估。

觀察方法和種類

不同的觀察情境

自然觀察法

觀察案主的日常生活，可觀察案主每天自然的言行舉止。有時候會用來觀察有學習障礙的兒童〔➡P104〕。

實驗觀察法

在設定好的情境下，觀察案主的反應。主要用來觀察案主在某種條件下，會以多頻繁的頻率採取何種行動。

不同的關聯方式

參加觀察法

直接和案主產生關聯，觀察案主的反應。臨床心理師的感想和行為也是觀察的資訊。

非參加觀察法

不讓案主察覺的觀察法，缺點是無法臨機應變。

評估技巧 3

靠測驗法蒐集資訊

請案主回答某些問題，調查其智能或人格

測驗法的三大種類

所謂的「測驗法」就是請案主答覆某些問題，再根據結果進行評估的資訊蒐集方法。依照調查的層面有別，主要分為以下三種測驗法。

首先是調查智商（IQ）的**「智力測驗」**，會使用圖形、數字、語言、繪畫來做測試。

再來是調查案主需求、態度、情緒、性格的**「人格測驗」**，又稱為性格測驗。

有語言障礙、失智症等認知功能障礙（⬇P66）的患者，可以用**「神經心理學測驗（⬇P66）」**來進行診斷或擬定治療計畫。

檢測人格的「問卷調查」和「投射性測驗」

人格測驗有兩種性質迴異的方法，一種是「問卷調查」（⬇P62），另一種是「投射性測驗」（⬇P64）。

「問卷調查」顧名思義，就是寫下有關身心狀態的提問，好處是客觀且易於量化。

「投射性測驗」則是拿出抽象的圖示，請案主回答感想的評估方法。適合用來了解案主的深層心理。

同樣是人格測驗，想要蒐集的資訊不

詳細解說！

*1 問卷調查和投射性測驗最大的差異，在於測驗意圖是否容易了解。問卷調查只要回答既定的選項就好，投射性測驗卻沒有規定該做何反應，只能在意義不明的情況下進行，有時候會讓案主感到不安。相反地，問卷調查的意圖容易被案主預測，也可能會刻意操縱答覆，這是問卷調查的缺點。

同，適用的技法也不一樣。每一種技法都各有其優缺點。重點是了解每一種技法的優缺點，做出適當的選擇[*1]。

問卷調查和投射性測驗的差異

	問卷調查	投射性測驗
測驗意圖	明確易懂	曖昧不清 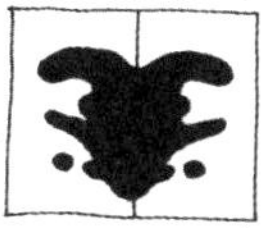
反應自由度	多半用「是」或「否」作答	會有各種反應
測驗時間	相對較短 	相對較長
測驗對象	可進行團體測驗	不適合團體測驗
操作回答	比較容易作假	比較不容易作假
評分與解釋	缺乏經驗的人也可以輕易進行	需要熟練的技術，才能做出客觀又妥當的解釋

問卷調查和投射性測驗都是人格測驗的方法，但有上述的差異。想要蒐集的資訊不同，採用的技法也不一樣。

評估技巧 4

測驗法的種類①——智力測驗的歷史和種類

調查智力的檢測方式，依照目的和對象不同而有不同的類型

源自比奈開發的檢測

「智力測驗」是廣泛應用於臨床和教育界的一種測驗方法。

據說，一九〇五年**法國心理學家比奈開發了一套檢測手法，用來了解求學的兒童是否跟得上授課進度，而這一套手法就是智力測驗的起源**。一九一六年美國心理學家特曼，在這一套方法中融入了「心理年齡」和「智力指數」的概念，發展出「史比智力量表」。這兩種測驗都認定智力是「單一維度的能力」，也就是智力越高的人，智力的相關表現也越優秀。後來才有人提倡智力是各種能力的綜合結果，並於一九三九年提出「魏氏智力測驗」。

換言之，開發智力測驗也是在探究，到底該從何種角度來看待智力這個複雜的概念。**智力是腦部功能中與智力活動有關的層面**，這是目前比較普遍的認知。這種認知並不包含感情或情緒波動。

智力的種類和計算方式

智商（Intelligence Quotient）是表達測驗結果的一大指標。智商有分**「比率智商」**和**「離差智商」**，計算方式也不一樣。

比率智商採用比奈式測驗法，不同年齡層有不一樣的問題要回答，接著再用

詳細解說！

*1 比率智商會先從一開始的測驗成績，推算出當事人的心理年齡（也就是當事人的測驗成績，符合幾歲幾個月的程度）。之後，除以生理年齡後，再乘以一百，得出的數字就是比率智商。當事人的平均成績符合其年齡，則智商為一百。

*2 離差智商的平均值為一百，標準差為十五。理論上，八十五到一百一十五分的人約占百分之六十七，七十到

心理年齡和生理年齡算出成績[*1]。能解出比實際年齡更困難的題目，則智商較高；反之，解不出比實際年齡更簡單的題目，則智商較低。

離差智商是採用魏氏測驗法，先假設同一個年齡層的人主要的成績分布區間，之後表示當事人介於區間中的哪一個位置[*2]。

這兩種的計算方式和性質，都跟一般的測驗不一樣，正確理解才是關鍵所在。

主要的智力測驗種類和特色

比奈式測驗法

- 有各式各樣的類別，日本多用「田中比奈智力測驗V」。
- 對象為兩歲幼兒到成人。
- 計算比率智商。

魏氏測驗法

- 有分成人用的「WAIS」，學齡兒童用的「WISC」，以及幼兒用的「WPPSI」。
- 主要計算整體智商、語言智商（用語言作答）、動作性智商（透過作業來進行測試）這三大智商。
- 計算離差智商。

K－ABC

- 美國卡夫曼夫婦開發的方法，主要用於有發展障礙〔➡P102〕或學習障礙的兒童。
- 對象為兩歲半到十二歲十一個月的兒童。
- 用來判斷兒童是能力不足或經驗不足。

目前日本使用的多半是上述的測驗方法。另外，智力測驗有分個別測驗或團體測驗，上述的方法基本上都採個別測驗。團體測驗有分「A」和「B」兩種形式，「A」和語言能力有關，「B」則是跟語言能力較為無關的動作性測驗。

一百三十分的人約占百分之九十五。

評估技巧 5

測驗法的種類②——實施智力測驗

有各式各樣的方法用來觀察兒童的發展狀況

「發展測驗」其實是一種智力測驗

過去，開發智力測驗的目的，是要獲得求學或求職的判斷資料。另外還有一種測驗，是用來**找出嬰幼兒或小學生的智力發展問題**，這就是所謂的「發展測驗」，依照不同的年齡和檢測目的，有各種不一樣的類型。

若測驗對象是幼兒，要單純測驗智商並不容易，因此發展測驗會順便檢測運動功能之類的發展程度。測驗指標是用「發展指數（DQ）」和「發展年齡」，代替智商和心理年齡。主要看案主的發展程度是否符合其年齡*1。

正確了解智商的必要性

智商是生活中常見的語彙。因此，大家對智商的概念有些誤解，多半以為這跟頭腦的好壞或聰明程度有關。

智力測驗是用來檢測「智商」沒錯，但**重點是不能光靠結果來判斷一切**。測驗結果會受到當時的狀況，以及智商以外的要素影響，好比感情、動機、人際關係等等。

使用智力測驗不能只重視智商數值，詮釋測驗結果也不能只看分數高低。還要看案主當時的狀況，以及作答方式等資訊，做出綜合性的判斷。

詳細解說！

*1 嬰幼兒和學齡前的兒童多半使用「新版K式發展測驗」。主要透過三大層面來了解發展程度，分別為姿勢和運動能力，還有資訊處理和手部操作能力，以及語言和溝通能力。由父母或監護人代為回答的測驗，主要有「嬰幼兒心理發展診斷法（津守式）」。這種測驗方式會依照不同月齡，設立不一樣的行為指標，孩子有做到就打圈，最後計分來衡量發展的程度。

另外，在某些文化圈做同樣的智力測驗，智商平均值十年間會上升三分。因此，**智力測驗也要與時俱進修訂內容**。

智力測驗的特色和要點

智力測驗和發展測驗

智力測驗有以下幾個特徵，發展測驗屬於智力測驗的一種類型。

智力測驗的特徵

- 評估腦部功能中的智力層面。
- 不同類型的測驗對象有別，但多半介於兩歲到成人。
- 使用「智商（IQ）」指標，以心理年齡和生理年齡來做計算。

發展測驗的特徵

- 小孩缺乏定性做智力測驗，更適合做發展測驗。
- 會評估運動能力等其他發展層面。
- 使用「發展指數（DQ）」代替智商指標，計算時以發展年齡代替心理年齡。

智力測驗的注意要點

實施智力測驗時，要注意以下幾點。

1. 不要只判斷智商，還要觀察當事人在測驗中的狀況。

2. 測驗結果會受到智商以外的因素影響（好比動機、疲勞程度、自信等等），不能光靠測驗結果判斷智商。

評估技巧 6

測驗法的種類③——人格測驗‧問卷調查

透過問卷蒐集資訊，是研究和臨床常用的一種方法

以評分掌握案主的狀況

「問卷調查」會對案主的狀況提出設問，案主要選擇與自身狀況相符的答案。每個答案都有相應的分數，合計總分可以**客觀了解案主的人格、態度、行為特徵、心理健康狀況。**李克特量表[*1]就是相當具代表性的問卷調查。

在臨床心理學的研究和臨床範疇中，問卷調查和面談法同樣是最常使用的技巧。左頁圖示有歸納出優缺點，考量到時間、預算、所需的資訊內容、對案主的負擔，臨床心理師會選擇更合適的技巧。

選擇問卷的重點

許多研究者有公布各種不同類型的問卷調查，選擇的關鍵在於，**要根據想蒐集的資訊選擇最常用的種類。**最常用的問卷較為妥當，也具有公信力，一般人口的平均值和標準值也相當透明。比對調查的結果，可以精確了解案主的狀況。

精神上的症狀（➡P124）顯示案主有心理異常，有些標準的問卷調查能夠用來評估症狀。例如，評估憂鬱症狀的「貝克憂鬱量表（BDI－II）」，或是評估焦慮症的「情境焦慮量表（STAI）」。這些都是國際上廣泛

順便了解一下！

李克特量表

*1 所謂的評分量表，就是每個選項都有其配分。其中，「李克特量表」是廣泛應用在各種領域的評分量表，有五種評比可供回答（五等量表），例如「非常同意」「同意」「沒意見」「不同意」「非常不同意」等等。作答後計算總分，依照評分資料進行統計。在不同的情境下，也有採用四等量表或六等量表。

使用的問卷。

反之，如果有新的症狀或障礙，則需要調製新的問卷。這種情況下，對於症狀要有深入的理解，也需要統計的相關知識。

問卷調查和面談法比較

問卷調查

優點

- 比較不花時間和金錢。
- 對案主負擔較輕。

缺點

- 萬一案主誤解或理解不足，則缺乏正確性。
- 案主容易操弄答案。

面談法

優點

- 對案主的誤會或理解不足，可以即時處理。

缺點

- 臨床心理師醞釀的氣氛和態度會影響到案主的答覆。
- 耗時又耗力。

問卷調查跟面談法一樣，都是最常使用的一種方法。問卷適合用來蒐集大量的資訊，在臨床心理師進行面談之前，也可以用問卷掌握案主的狀況。讓案主回答自身狀況，稱為自填式問卷。另外還有父母回答兒童狀況的問卷，以及老師回答學生狀況的問卷。

評估技巧 7

測驗法的種類④——人格測驗・投射性測驗

觀察案主如何回答抽象的疑問，測驗案主的深層心理

當事人會處在不明所以的情況下

「投射性測驗」是人格測驗的一種類型，特點是當事人得在不明所以的狀況下，接受相關的測驗。案主無法得知測驗的用意，只會聽到最基本的說明。

比方說，在進行「繪樹測驗」的時候，會請案主畫出一棵長有果實的樹木。至於該畫什麼樣的樹木和果實，還有該如何作畫，全都交由案主自己判斷。

面對抽象的問題或課題，案主必須賦予獨特的意義，因此可以看出潛意識的特徵。投射性測驗也有各式各樣的類別[1]。

投射性測驗的三大用途和要點

在臨床心理學當中，投射性測驗的主要用途有三。一是**調查案主的人格傾向和心理狀態**，並根據調查的結果進行評估，以便**擬定介入的方針**。雙方在測驗時的互動，也能**培養彼此的信賴關係**，這也是非常重要的一環。

使用投射性測驗，案主會處於不明所以的情況下，對測驗本身可能會感到焦慮或抗拒。臨床心理師必須時時顧慮案主，未來介入才會更加順利。有時候根據案主的情況，也要適時中止測驗。

詳細解說！

[1] 在某些情況下，可能會搭配性質迥異的投射性測驗來進行測驗。好比「SCT（語句完成測驗）」，是用來調查案主平日比較有自覺的問題，例如家庭或人際關係。而「羅夏克墨漬測驗」則用來調查案主的深層心理。這兩種測驗搭配使用，可以了解心靈的表象和深層的部分，凸顯案主的人格特質。

最具代表性的投射性測驗

SCT（語句完成測驗）

先來一段句子，再請案主寫完接下來的文章。

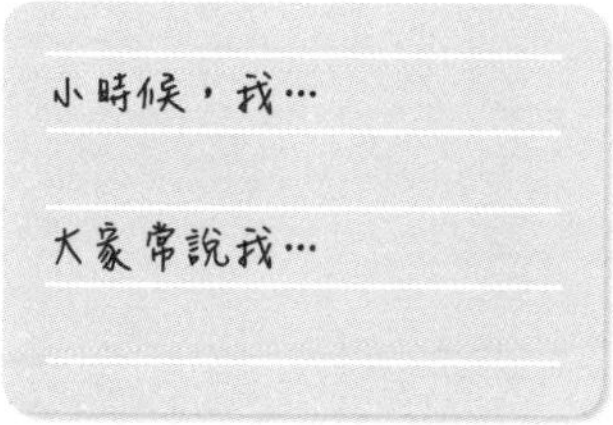

TAT（主題統覺測驗）

拿出畫有人物或風景的圖畫，請案主說出故事。

羅夏克墨漬測驗

請案主回答，墨漬的痕跡看起來像什麼。

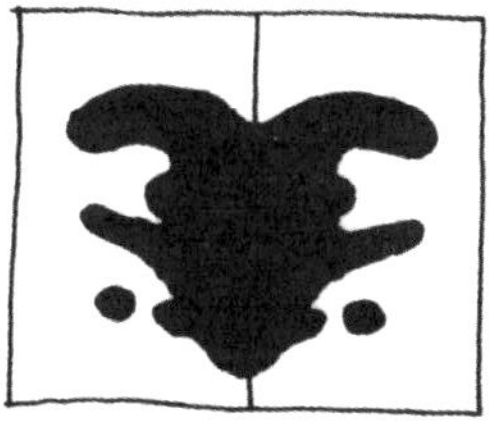

P-F Study（羅氏圖片挫折測驗）

拿出一張毫無文字的漫畫，請案主填入對話。

繪樹測驗

給案主紙張和鉛筆，請案主畫出一棵長有果實的樹。

房樹人測驗

給案主紙張和鉛筆，請案主畫出「房子」「樹木」「人」。有的全部畫在同一張紙上，也有分開畫在不同紙上的狀況。

※TAT、羅夏克墨漬測驗、P-F Study沒有對一般大眾公開，這樣在實際運用時，案主才不會有相關的知識。

評估技巧 8

測驗法的種類⑤——神經心理學測驗

用來診斷腦疾「認知功能障礙」，會選擇符合症狀的測驗方式

何謂「認知功能障礙」

案主的問題也有可能是腦部疾患所引發的。比方說，在意外事故中頭部受創，腦血管出問題導致腦部受損，就有可能出現失語、感覺失調、定向力障礙[*1]、失能[*2]、記憶力衰退、健忘症、注意力障礙等等。

這種情況下，**語言、行為、記憶上的障礙形成一種創傷的後遺症，這就是所謂的認知功能障礙**。所謂的認知功能，是指語言、認知、行為、記憶等腦部功能。「神經心理學測驗」就是用來診斷這一類疾患。

活用神經心理學測驗

前額葉約占大腦百分之三十的面積，神經心理學測驗主要用來診斷前額葉的功能，同時也用來診斷失智症患者。另外，**若心理問題可能是腦部功能衰退所引起，那麼不管當事人腦部是否受損，都會進行相關的測驗。**

神經心理學測驗會個別測驗腦部功能，內容包含口頭提問，描繪圖形、繪畫、文字，使用積木等等。不只由醫生來進行診斷，其他專家也會幫忙擬定治療、輔助、復健的計畫。測驗本身也會用來評估治療的效果。

詳細解說！

*1 定向力障礙是指無法正確理解自己當下的狀況。例如，分不清日期和時間，不曉得自己身在何處。原因是腦部受損導致腦部功能衰退，也被當成失智的症狀。

*2 失能是指做某件事的能力衰退，或是徹底喪失該項能力。例如，無法好好穿上衣服就是失能。

順便了解一下！

偏側空間忽略

*3 屬於一種注意力障礙，因大腦半邊受創，無

首先，會使用一些簡單的測驗內容，來篩檢患者有無症狀。之後會依照篩檢結果，選用左圖中更為精準的測驗方式。

認知功能及相關檢測

認知功能	相關的腦部部位	症狀	檢測
定向力	大腦皮質	●定向力障礙 ●智能衰退	●長谷川式簡易認知評量表修訂版：HDS-R ●Mini-Mental State Examination：MMSE ●魏氏成人智力量表修訂版：WAIS-III
語言	額上回、額下回等掌管語言的區域	●失語（理解語言和說話的能力衰退，或者徹底失去） ●失讀	●日本標準失語症測驗：SLTA ●WAB西方失語症測驗 ●色塊測驗
記憶	包含海馬迴的顳葉內面	●記憶力衰退 ●健忘症	●魏氏記憶量表修訂版：WMS-R ●三宅式記憶力測驗 ●班頓視覺保留測驗 ●Rey-Osterrieth複雜圖形測驗 ●自傳式記憶測驗 ●行為記憶測驗
注意力	額葉、頂葉、右半頭頂葉（偏側空間忽略（*3）的情況下）	●注意力障礙 ●偏側空間忽略	●劃消測驗 ●Audio-Motor Method：AMM ●數字廣度測驗 ●路徑描繪測驗：TMT ●Paced Auditory Serial Addition Test：PASAT
執行功能	前額葉	●執行功能障礙 ●前額葉功能衰退	●威斯康辛卡片分類測驗：WCST ●史楚普測驗 ●路徑描繪測驗：TMT ●流暢性測驗 ●河內塔問題
視覺認知	枕葉、額下回	●失讀	●VPTA
行為	能力頂下小葉	●失能	●Standard Performance Test for Apraxia：SPTA

法認知那一半大腦所受到的刺激（例如視覺、聽覺、觸覺等等）。

評估技巧 9

測驗法的種類⑥——腦神經造影檢測

實際觀察腦部功能和形狀，是了解腦部障礙的重要檢查

了解案主的症狀，在臨床心理學中已是不可或缺的重要工具了[*1]。

直接檢測腦部

一直以來，人們都相信腦部的運作和心靈有密切的關係。不過，以往要了解人腦的形狀或構造，只能解剖動物或屍體的腦部。

近年來，腦部科學日新月異，不僅揭開了人腦的運作機制，也證實腦部運作和心靈有密切關係。另外，**隨著腦神經造影的技術問世，我們終於可以觀察到活人的腦部運作**。最近，還可以即時觀察到特定部位的血流量和電子信號的變化。

這些技術逐年進步，**透過腦神經造影**

腦神經造影檢測的種類

依照不同的檢測目的，腦神經造影檢測大體分為兩種。

第一種是「腦結構造影」。**這是在檢查腦部「形狀」，也就是檢查腦部的型態或構造**。通常使用「CT」電腦斷層掃描，或是「MRI」核磁共振。這兩種都能顯示身體的斷面造影，尤其MRI能從各種角度觀看腦部的造影。

另一種是「腦功能造影」，**這是用立體的造影技術，觀察腦部運作和**

詳細解說！

*1 恐慌症（⬇P134）、強迫症（⬇P140）、PTSD（⬇P142）等問題，已經有人從腦部型態和腦部功能來進行研究了。比方說，有報告指出患有PTSD的越戰老兵，右海馬迴的體積比較小。PTSD會有記憶障礙或瞬間重歷其境（⬇P142）等症狀，有同樣經歷的PTSD患者，症狀也因人而異。腦神經造影技術是解開這些謎團的重要關鍵。

腦部功能。這一類檢查有各種類型，好比「PET」正子斷層掃描，還有「SPECT」單光子電腦斷層掃描等等。其中「fMRI」功能性磁振造影，可以同時看出腦部結構和腦部功能。是故，近年來臨床心理學也開始研究，如何用fMRI來調查腦部功能。

腦神經造影的種類

腦結構造影

檢查腦部的型態和結構

電腦斷層：CT

X射線穿透腦部組織，並將傳導的狀況化為影像。這種檢查幾乎沒有痛苦，廣泛用於各種疾患檢查。

核磁共振：MRI

氫原子是人體一大構成要素，核磁共振就是利用其性質進行檢查。可檢查出比電腦斷層更細膩的差異。

腦功能造影

檢查腦部的運作狀態和功能

正子斷層掃描：PET

對患者注入放射性同位素，再利用其釋放的伽瑪射線，顯示體內的影像。

單光子電腦斷層掃描：SPECT

跟正子斷層掃描一樣，會對患者注入放射性同位素，再利用其釋放的伽瑪射線，顯示體內的影像。只不過，檢測伽瑪射線的方式與正子斷層掃描不同，單光子電腦斷層掃描使用的藥劑較為簡便，但精確度和功能不及正子斷層掃描。

功能性磁振造影：fMRI

這是應用核磁共振的技術來檢測腦部運作的造影技術，不必注入放射性同位素，也可檢查出結構和功能的相關資訊。利用血紅素的磁性變化來進行人體造影。

腦磁圖：MEG

測量頭蓋骨表面的磁場變化，適合用來了解腦部狀態的變化。

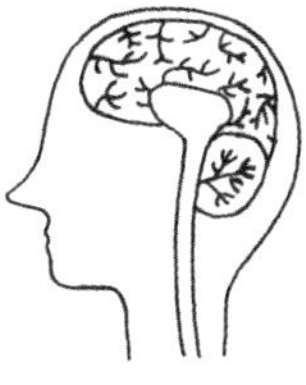

應用行為分析

聚焦於案主身邊的環境，並分析資料

著重「刺激」與「反應」

在決定介入方針以前，得先分析評估時得到的資訊。

「應用行為分析」是一種資料分析法。出自美國心理學家史金納等行為治療學派（⬇P180）所提出的思維*1。他們認為**不該從「個人」的觀點來看待問題，而是要探究個人與「環境」的相互作用。**

這套方法的觀念是，環境刺激會產生個人反應（行為），其反應又會促成環境變化，環境的變化又再次對個人造成刺激。換句話說，案主的問題源自於環境和個人之間所產生的一連串**「刺激」與「反應」**。

應用行為分析的介入方式

環境造成的刺激稱為前置刺激，案主產生反應後所導致的刺激，則稱為後續刺激。在探討介入方法時要留意幾個問題，**案主的問題是受到何種前置刺激的影響？問題延續又是受到何種後續刺激的影響？這些問題在蒐集資料的階段，就要特別重視了。**因此，焦點不只要放在案主的行為上，引發問題的環境也要深入了解才行。

然後，按照左圖的程序擬定介入方針。介入分為兩個方向，一是朝環境著

詳細解說！

*1 該學派利用「操作制約（⬇P180）」發展行為治療，並提出支持其論述的理論模型。

*2 具體的介入方法是，先提供有計畫的前置刺激，觀察案主的反應（提示）。接著給予後續刺激，讓案主下次也做出同樣的行為（增強）。這套方法多用來教育有自閉症或其他發展障礙的兒童，也用於社會福利的範疇。

手，也就是改善環境；二是朝個人著手，包括讓案主學習合宜的行為，以及增加行為的多樣性。通常是二者擇其一，或是雙管齊下，來改變反應或刺激，減輕案主本身的問題[*2]。

應用行為分析

應用行為分析的執行方式

設定介入目標

設定目標 確認介入對象應該在何種情況下，採取何種行為才算達成目標。

↓

細分行為構成要素

分析課題 目標和行為太多的情況下，必有其複雜的要素結構，因此要詳細分析。

↓

決定介入方法

認清要遵循何種步驟，或是要實行何種介入要素，才能達到指定的行為。

環境與個人的相互作用

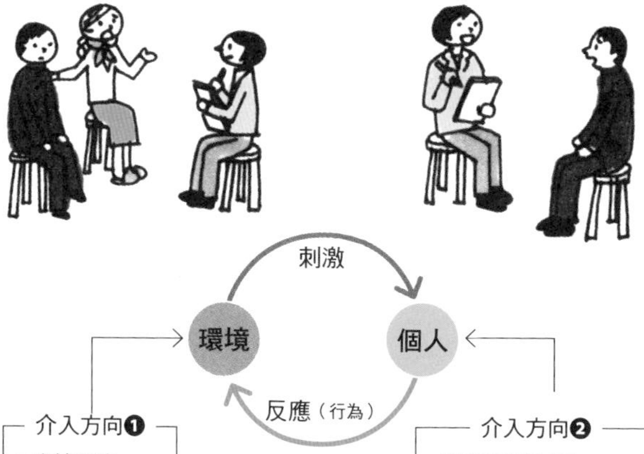

介入方向❶

- 改善環境

例

- 實行家庭治療〔➡P188〕。
- 從學校老師或職場著手。
- 提供可用的公共服務訊息。

介入方向❷

- 學習適當的行為
- 增加行為的多樣性

例

- 實行認知行為治療〔➡P184〕。
- 實行SST〔➡P234〕。

資料分析技巧 2

功能分析

分析問題，探究案主何以做出失序的行為

聚焦於問題的成因

某些行為從客觀角度來看，雖然大有問題，但對案主來說卻有某些功能。「功能分析」就是在擬定介入方針時，用來探究這種功能的分析方法。功能分析不著眼於異常的行為，引起異常行為和異常行為持續的原因，才是真正的問題所在。必須找出這當中潛藏的癥結，究竟有何意義。

分析反應並點出問題

應用行為分析（⬇P70）看重的，是導致異常行為的「刺激」和「反應」，以及這兩者的關係。功能分析聚焦的，則是個人的反應方式，分別為**「行為和動作」**反應，**「認知和語言」**反應，還有**「生理和身體」**反應。先分析這三種反應，探討其關聯性，找出問題遲遲無法解決的惡性循環。

以左圖的女孩為例，她只要碰到跟學校有關的東西，就會一直洗手。這就是她的異常行為。

在分析的時候，應該著眼於「不斷洗手」*1這個行為上。在這個案例中，從學校回到家中是刺激因子，案主認為學校的東西都被汙染，這屬於「認知和語言」反應。而這種反應又衍生出生理上無法忍受

順便了解一下！

微觀分析與宏觀分析

*1 對單一的異常行為進行分析，稱為微觀分析。相對地，從更廣泛的角度分析異常行為，則屬於宏觀分析。分析到後來可能會找出完整的成因，好比母女失和、夫妻失和等等多項因素惡性循環，導致問題難以解決。進行這些分析，對擬定介入方針有極大幫助。

的不快，也就是「生理和身體」反應。為了擺脫不快的感受，案主反覆洗手，則是「行為和動作」反應。

探究這些反應的關聯性，可以查出異常行為持續的原因，也更容易擬定介入方針。

功能分析的具體案例

例 某個女孩子只要碰到學校的東西，就會反覆洗手。

從學校返家 **前置刺激**
▼
女孩子認為，被學校汙染的物品會汙染家中 **反應**
▼
感到不安、不快 **感情反應**
▼
反覆洗手 **反應**
▼
暫時消除不安 **結果**

（可是，一旦停止反覆洗手…→感到不安、不快）

▼
接著又陷入不安，繼續洗手

→ 異常行為被母親責備
→ 洗淨行為遭受限制 **新的前置刺激**
▼
沒辦法洗手，認為家中被汙染 **反應**
▼
感到不安、不快 **感情反應**
▼
產生新的制約。不碰學校的東西，也不願接觸家人 **反應**
▼
暫時消除不安 **結果**

（可是，一旦制約受到牴觸…→感到不安、不快）

想方設法讓家人也遵守制約
▼
在家中和學校的人際關係惡化

資料分析技巧 3

生態學評估

分析問題，聚焦於「人和生活環境的相互作用」

活用生態學的思維

生態學是生物學的其中一個分野，主要研究生物如何適應生活環境。簡單說，就是研究「生物和環境的相互關係」。**所有行為都源自當事人和生活環境的相互作用**，生態學評估就是以這種思維作為基礎，並以此觀點來分析問題。

換句話說，案主的行為不只跟個人特質有關，生活環境的一切也有關聯。事實上，誠如左圖所示，還要觀察案主在環境中所做的行為，以及調查案主對環境的看法，進而了解案主和環境的關聯。

改善環境的介入方式有效

左圖是**「生態系統模型」**，這是從生態學的觀點來看待兒童發展。這一套模型是布朗芬布倫納的構思，他認為兒童所處的環境是由好幾層系統組成的，小至家庭大至國家皆屬此類。每一層系統互有關聯[*1]，對兒童發展有重大影響。

這種方法不只能掌握各群體中的個體行為，對擬定改善環境的介入法也有幫助。

詳細解說！

*1「生態系統模型」的關鍵在於，影響的方向不是單方面的，而是雙向的。例如，兒童不只受到父母影響，父母也會受到兒童影響。父母的職場人際關係和職場經驗，雖然和兒童沒有直接關聯，但在探討家庭教育時，也是不得不考量的因素。在做行為分析時，也必須考量相互影響。

兒童發展的生態系統模型

生態學評估技巧

主要技巧如下。

行為場合調查（巴克提倡）

- 在沒有研究者干預的日常環境中，觀察人類行為（自然觀察法）。
- 盡可能列舉調查時限內發生的行為場合，並且探討記述。

社會風土尺度（莫斯提倡）

- 利用問卷調查，了解個體對環境的看法。

生態系統模型

小至家庭大至國家，所有的系統都對兒童的發展有影響。在分析問題時，必須考量這些要素。

臨床心理師的工作案例 2

問卷實例

二十七歲的勝廣先生在精神科醫生的介紹下，尋求臨床心理師的協助。精神科醫生的介紹信當中，有註明勝廣先生是強迫症患者。臨床心理師在初次對談後，請勝廣先生做了下面這一張問卷。

強迫症症狀確認清單

填表日期　　年　　月　　日　　填表人：　　　　　　　　　　（關係：本人）

以下是有強迫症的患者常見的症狀，請勾選與您符合的項目。症狀有分強迫意念和強迫行為。

強迫意念

□ 非常在意髒汙或廁所清潔，對黴菌也太過敏感。
□ 非常在意黏黏的東西。
□ 非常在意身上是不是有被尖尖的東西刺到。
□ 擔心自己散播髒汙，害身旁的親朋好友生病。
□ 擔心自己和其他人受傷害。

強迫行為

・對於保持清潔過於堅持

□ 長時間洗手，一天要洗好幾次，或者對洗手的方式，有一套個人的標準。
□ 富貴手很嚴重。
□ 洗澡、刷牙、上廁所花太多時間。

・過度的確認行為

□ 反覆確認門窗、開關有沒有關好，插座有沒有插好。
□ 反覆確認自己有沒有忘記帶東西。

～部分省略～

本節重點

在進行評估的時候，臨床心理師會透過面談或問卷蒐集案主的資訊。上面就是一份具體的問卷，主要用來調查強迫症的症狀到何種程度。在做問卷調查時，還要觀察案主當下做問卷的反應。案例中的勝廣先生無法觸摸門把，而且不斷確認門有沒有關好。光看案主這樣的行為，臨床心理師便判斷案主有強迫症，並提供相關心理支援。

PART 3

人類發展和心靈問題

——關於發展臨床心理學

簡單說明與發展有關的心理問題，以及和臨床心理學的關聯。

本章主題

- 發展心理學的基礎知識
- 各發展階段的特徵
- 各發展階段的心理問題

發展臨床心理學的基礎
1

何謂發展臨床心理學

研究人類發展，利用研究成果解決心理問題

研究人類的發展歷程

人類一生中會經歷各式各樣的體驗。**「發展心理學」主要從心理和行為的層面，來研究人類的發展，並且解析發展的歷程**。而「發展臨床心理學」就是利用發展心理學的見解和知識，來幫助人們解決心理問題[*1]。

生命週期和心理問題

發展臨床心理學會依照發展階段，來區分人的一生，同時研究各階段的生理、心理、社會發展，解析發展所需的條件。另外，還有探究阻礙發展的原因和發展障礙。**這種把人生分成好幾個階段的概念，稱為生命週期**。生命週期一詞曾出現在發展臨床心理學家艾瑞克森的著作中，現在已是廣為人知的概念。

臨床心理學在進行實務活動時（⬇P24），會探究心理問題的原因，尋思要用何種介入方法解決問題。心理問題是當事人在人生中所遭遇的障礙，跟生命周期中的各種事件息息相關。因此，要理解當事人的問題，不能缺少發展臨床心理學的知識。

順便了解一下！

臨床心理學和發展心理學攜手合作

*1 不管是臨床心理學還是發展心理學，都很重視人與人的關係，以及人與社會的關係。發展心理學主要研究這些因素和發展的關係，臨床心理學則介入這層關係，輔助當事人發展。臨床心理學和發展臨床心理學有許多共通的知識，近年來社會大眾也期望這兩者相輔相成的效果。

人生階段和主要事件

從出生到死亡的這段生命週期，不同發展階段會發生不同的事件，心理問題也和生命週期有密切的關係。

年齡	階段	主要事件	發展過程會遭遇的問題
0	嬰幼兒期	怕生、斷奶、反抗	腦性麻痺、遺傳疾病、智能障礙〔➡P100〕 廣泛性發展障礙〔➡P102〕 依附障礙、虐待兒童、情緒障礙
1	幼兒期	反抗期	
6	兒童期	入學、養成同儕關係	學習障礙〔➡P104〕 醫學無法解釋之症狀（頭痛、腹痛、倦怠） 拒絕上學〔➡P110〕 霸凌〔➡P112〕 AD／HD〔➡P106〕
12	青春期	入學考試、對異性感興趣	青年期不良行為〔➡P114〕 情感疾患（憂鬱症）〔➡P160〕 家暴、強迫症〔➡P140〕 飲食障礙〔➡P148〕
12–30	青年期		
18	成人前期	求職	自我認同失焦 繭居〔➡P116〕
30		結婚、轉職、自立門戶、生小孩、升遷	工作壓力 離婚
40	中年期	小孩參加入學考試、升上管理職缺、小孩結婚、親子分居、孫兒誕生、退休、二度就業	工作倦怠、過勞死 中年危機、自殺〔➡P118〕
65	老年期	配偶去世	失智症

發展臨床心理學會幫助案主，解決人生各階段遭遇的問題。為了深入了解案主的問題，必須先弄清楚當事人目前的人生階段，以及該階段容易產生哪些問題。之後，參考發展心理學的知識提供輔助。

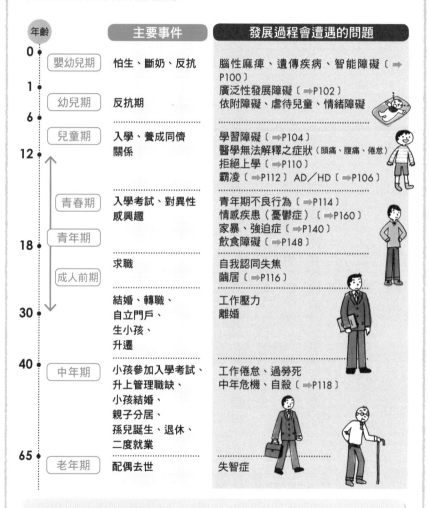

發展臨床心理學的基礎 2

生命週期與發展

生涯發展成為主流思維

生涯發展的觀點

過去的發展心理學重視能力和功能性的發展，主要研究對象為嬰幼兒到成年人。但**現在「生涯發展」的思維才是主流，研究標的涵蓋完整的人生，包含人生的中後期，也就是包含中老年人。**

比方說，過去我們對中老年人抱有「衰退」的印象。的確，從生理機能的層面上看，中老年人真的衰退了。可是，其人品、道德、智慧等特質都有顯著的成長。

因此，現在的觀念是，人生中每個時期都是重大的轉變期，不是只有幼兒期才會經歷重大轉變。人類一輩子都有順應改變的能力，應該朝生涯發展的方向來思考。

艾瑞克森的發展理論

許多學者都有提出各種不同的發展理論，佛洛伊德便是其中之一。但最具代表性的是艾瑞克森的發展理論，他的理論有融入生涯發展的觀點。**艾瑞克森提出了左頁的發展圖示，共分八個階段。佛洛伊德看重性的要素，艾瑞克森則是從心理和社會觀點來探討發展**，算是相當劃時代的論述。

人生各階段都有必須完成的課題，也就是所謂的發展課題[*1]。這些課題關乎人格養成，以及當事人能否順應社會。

詳細解說！

*1 發展課題的概念是美國的哈維格斯特先提出的。

*2 艾瑞克森認為，負面因素也是成長過程中不可或缺的關鍵。他重視的是負面和正面的均衡。

艾瑞克森的理論著重內在成長的發展課題，他認為發展有正面和負面因素，正面因素高於負面因素，才算達成發展課題，當事人才會成長。發展課題沒達成，就會產生心理問題[*2]。

各種發展理論

探討人類發展的論述所在多有，其中又以艾瑞克森的理論獨樹一格，他不只看重生理和心理要素，也同樣看重社會要素。

佛洛伊德發展論

佛洛伊德認為，人類從嬰幼兒到青年期共分五個階段，這五個階段取決於人體中某些部位的性發展。

1. **口腔期**：需要哺乳的嬰幼兒時期。
2. **肛門期**：一到三歲需要訓練排泄的時期。
3. **性器期**：四到五歲認識性別的時期。
4. **潛伏期**：壓抑自身需求的小學生時期。
5. **生殖期**：十二歲以後心理逐漸獨立的青年時期。

艾瑞克森提出的八大發展階段

艾瑞克森把生命週期分為八大階段，每個階段都有必須達成的發展課題。發展有正面和負面因素，正面因素多於負面因素，才算達成發展課題，當事人才會成長。反之，無法達成發展課題則會產生心理問題。

	發展課題	未達成課題會導致的心理問題
8 老年期	統合性	絕望
7 成人期	生產性	停滯
6 成人前期	親密性	孤立
5 青年期	自我認同確立	自我認同失焦
4 學齡期	勤勉性	自卑感
3 遊戲期	自主性	罪惡感
2 初期幼兒期	自律性	恥辱、疑慮
1 嬰幼兒期	基本信賴	不信任感

家庭和生命週期的關聯

家庭群體中的成員會一同發展

家庭生命週期

當我們接觸一個人，會發現其背後有各世代的家庭問題。個人的發展問題，應該跟家庭的發展問題一起考量。

於是，便有了**「家庭生命週期」**的概念[*1]。「生命週期」一詞也適用於家庭，家庭從誕生之初，就會隨著時間流逝而改變，而且也有不同的發展階段。

家庭生命週期的概念是，**家庭這一群體在發展的過程中，其內部成員也會跟著發展，屬於一種雙重架構**。比方說，親子關係會像左圖一樣，隨著不同階段而改變。孩子最終會為人父母，組成新的家庭。

個人生命週期有發展階段和發展課題，家庭生命週期也有不同的階段和課題。家庭必須跨越不同階段的課題，生生不息地經營下去，才會有所成長。

家庭功能的演變

「家庭」通常泛指有血緣關係的一群人，一同度過日常生活的意思。可是，現在有越來越多的家庭並不符合這樣的定義。

過去，人們心目中主要的家庭功能有「性的功能、經濟的功能、生殖的功能、教育的功能」。近年來，家庭成為情緒

詳細解說！

*1 這是一九七三年研究家庭治療的亨利所提倡的。

安定的歸宿，**人們更重視精神上的聯繫**。

現代社會中備受期待的家庭功能，也包含互相矛盾的要素。例如，家人間試圖維持緊密的關係，卻又想保持適當的距離，不要影響彼此的獨立自主。在評估家庭的時候，也必須考量現代社會的複雜狀況。

從親子關係看家庭生命週期

親子關係會隨著不同的人生階段而改變，孩子最終會為人父母，組成新的親子關係。

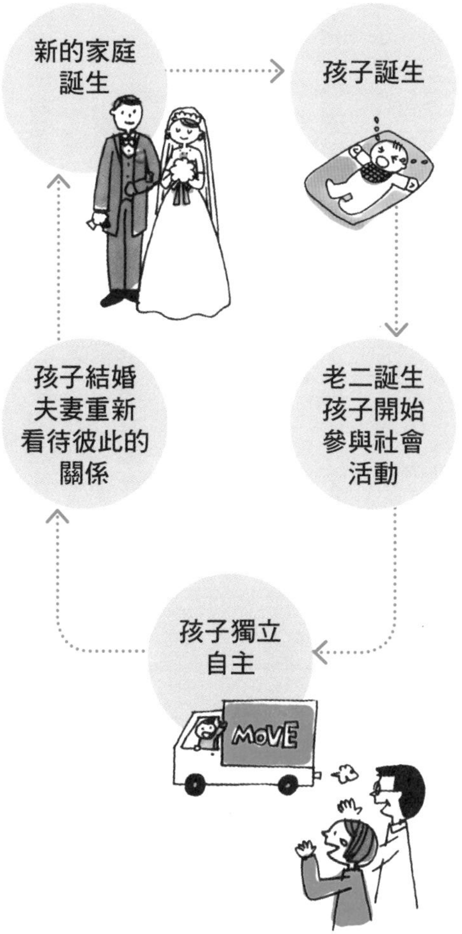
新的家庭誕生
孩子誕生
老二誕生孩子開始參與社會活動
孩子獨立自主
孩子結婚夫妻重新看待彼此的關係
MOVE

家庭這一群體在發展的過程中，其內部成員也會跟著發展。

發展臨床心理學的基礎 4

家庭生命週期的課題與問題

家庭生命週期的各個階段，都有其發展課題

生命週期的各個階段

通常人們在探討家庭生命週期時，主要劃分為六到七個階段*1。假設以一家三口為研究模型，則會在各發展階段產生左頁的課題和問題。

課題達成與問題

各階段的課題沒有達成，就會產生家庭問題，無法順利進展到下一個階段。比方說，小孩出生以後，父母必須接受自己的職責，努力養兒育女。但其中一方過於關心小孩，另一方會感到不滿。反之，也有父母無法好好養育子女的情況。若沒有建立起健全的養育機制，就會產生虐待（→P108）、育兒不安、產後憂鬱等問題。

另外，生命週期的變動時期也特別容易產生壓力。雖然家庭也享有許多幸福和機遇，但也等於失去了過去的安定狀態。

每個家庭都會遇到諸多困難，健康的家庭可以面對危機、跨越危機。沃修認為，家庭成員的相互作用，能否使家庭適應生命週期的變化，便是判斷正常家庭的基準。

個人的心理發生問題時，臨床心理師也會評估家庭背景，調查案主在家庭生

順便了解一下！

七階段的家庭生命週期

*1 左頁圖示只有六個階段，加上結婚前的單身時期，就是「七階段家庭生命週期」了。另外，單身情侶婚後組成家庭，屬於「家庭形成期」。小孩出生和成長後，家庭會隨之擴大發展，這又稱為「家庭擴展期」。小孩獨立，父母老邁去世，家庭成員減少，則稱為「家庭收束期」。也有看法認為，家庭發展主要分為這三大階段。

命週期中的位置，以及發展課題的達成度。之後，再想方設法幫助家庭或個人跨越危機。

家庭生命週期六階段

家庭生命週期若分為六個階段，比較容易產生下列課題和問題。

階段	主要課題	容易遭遇的問題
1 **結婚到第一胎誕生**	・發展夫妻關係 ・脫離雙方的原生家庭 	・對另一半的期待和現實有落差，因而產生摩擦 ・跟另一半的家人產生摩擦
2 **孩子誕生到就讀小學**	・小孩誕生後，家庭架構重新編成 ・建立起健全的養育機制	・育兒不安、放棄養兒育女、虐待 
3 **養育學齡期的小孩**	・小孩獨立自主 ・家庭成員保持適當距離 	・無法適應家長的職掌改變 ・小孩的退化（尿床、氣喘等等）、逃學
4 **小孩長到十多歲**	・小孩自我認同確立 ・父母承認小孩的自我認同，並提供支援	・小孩繭居、逃學、不良行為、犯罪 ・父母年紀漸長，陷入憂鬱狀態
5 **小孩自立門戶**	・相信小孩會獨立自主，守望其成長 ・離開父母，適應小孩離開 ・父母去世	・小孩難以獨立（繭居、父母過度干涉） ・小孩結婚後，和其家人之間有摩擦 ・熟年離婚、老年憂鬱症
6 **老化和配偶去世**	・適應老化 ・接受配偶去世	・疾患和看護造成的生活困難 ・親人死去導致憂鬱

各發展階段特徵

1

嬰幼兒期①（出生～六歲左右）

人類的第一階段，養成各種能力的重要時期

嬰兒要跟其他人互動，才會體認到「自我」。嬰兒必須明白「自我才是行為的主體」，並透過「感情的波動」來養成自我感[*2]。**有了自我感才能了解何謂自我，跟自我認同**（⬇P94）**息息相關**。

嬰兒期（出生到一歲半）的發展

嬰兒期需要周遭大人的保護，學習和其他人建立關係也是重要課題。比方說，母親每天照顧小孩，母子之間產生特別的牽絆，小孩覺得跟母親在一起很有安全感[*1]。對特定對象尋求特別的聯繫，並維持雙方的關係，這又稱為**「依附」**，英國的鮑比最先提出此一概念。

另外，嬰兒哭泣時周遭的大人要適度緩解，這樣嬰兒才會產生正面的期待感，相信危機時可以依靠大人。**艾瑞克森稱這一份期待感為「基本信賴感」，是嬰兒發展的一大課題。**

幼兒期（一歲半到六歲左右）

這段時期，幼兒和家人以外的對象產生更多聯繫，自我感也加速發展。幼兒會產生多樣化的意志，並在欲望和忍耐之間掙扎。比方說，忍住小便的欲望去廁所解放，會獲得母親的讚賞。有了解決這種矛盾的經驗，**幼兒才會產生自制**

詳細解說！

*1 依附的對象會發揮「安全基地」的作用。比方說，嬰幼兒離開母親會感到不安，回到母親這個安全基地身邊，就能找回安心和勇氣的能量。這是愛因斯沃斯提出的論述。

*2 自我是行為的主體，打個比方，就好像我們可以隨心所欲活動自己的四肢。至於感情波動的感覺，就好像我們遇到討厭的事情，會感受到自己心情不愉快一樣。

力，控制自我的行為和欲望。

這代表幼兒發展出想像的能力（符號功能），可以預見尚未發生的事情。因為已經預料到結果，比較好控制現在的行為。
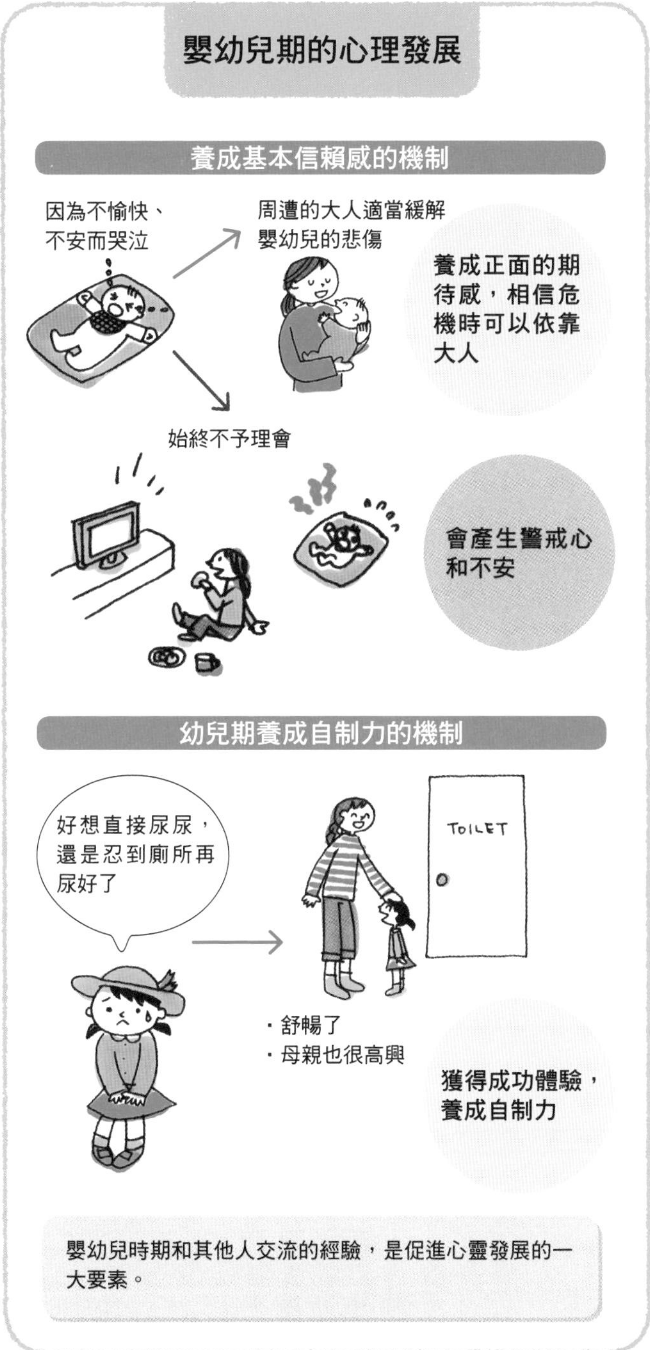
嬰幼兒期的心理發展
養成基本信賴感的機制
因為不愉快、不安而哭泣
周遭的大人適當緩解嬰幼兒的悲傷
養成正面的期待感，相信危機時可以依靠大人
始終不予理會
會產生警戒心和不安
幼兒期養成自制力的機制
好想直接尿尿，還是忍到廁所再尿好了
TOILET
・舒暢了
・母親也很高興
獲得成功體驗，養成自制力
嬰幼兒時期和其他人交流的經驗，是促進心靈發展的一大要素。

各發展階段特徵
2

嬰幼兒期②（出生～六歲左右）

嬰幼兒時期的心理問題，跟身體和環境這兩大因素有關係

嬰幼兒時期的心理問題

嬰幼兒時期出現的心理問題，有可能是「器質性因素」，也就是腦部、神經、肌肉、骨骼等身體部位出問題；另一種可能則是「環境因素」。此外，這兩者結合後，還能將問題劃分為三大方向。

第一大問題是**器質性因素**，例如腦性麻痺、癲癇、遺傳疾病、智能障礙都屬此類。

第二大問題是牽涉到**器質性因素和環境因素**，好比AD／HD或廣泛性發展障礙就屬此類。

第三大問題是**環境因素**，好比依附障礙[*1]就屬此類。

嬰幼兒時期的心理照護

嬰幼兒時期的三大心理問題，需要左頁圖示的照護。器質性因素造成的問題，需要醫療上的生理照護，環境因素造成的問題則需要心理上的輔助。

尤其AD／HD或廣泛性發展障礙，目前都講究早期發現早期療育[*2]。

另外，幼兒虐待以及虐待所導致的反應性依附障礙，也是非常嚴重的一大問題。不只對當事人一生都有影響，甚至有可能虐待自己的下一代，不斷惡性循環下去。在照護受虐兒的心理層面時，

詳細解說！

*1 所謂的依附障礙，就是在嬰幼兒期沒有獲得穩定的依附（➡P86）所引發的障礙。有依附障礙的人無法和他人建立關係，也缺乏對他人的尊重和責任感。在適當的環境下接受養育，有改善的效果。

*2 所謂的療育，是指提供醫療和保育給有障礙的小孩，讓小孩有辦法在社會上獨立自主。

也必須處理施虐方的心理問題。

總而言之，**當事人和整個家庭都是支援的對象。**因此，臨床心理師、學校、醫院、療育機構、保健中心等有關單位的合作，就顯得特別重要。

嬰幼兒時期的心理問題

嬰幼兒時期的心理問題，依照不同主因分為下列三大類。

	主要問題	主要照護
器質性因素導致的重大問題	・腦性麻痺 ・癲癇 ・遺傳疾病（唐氏症等等） ・精神發展遲緩	・對兒童提供生理照護（治療、復健、療育） ・對母親或家人提供心理照護
器質性因素和環境因素導致的重大問題	・AD／HD ・廣泛性發展障礙 ・抽動障礙（妥瑞氏症候群等等） ・排泄障礙（尿床） ・緘默等等	・器質性因素要接受醫學上的治療 ・早期發現早期療育 ・提供訓練，以及心理治療和心理衛教
環境因素導致的重大問題	・依附障礙（分離不安障礙、反應性依附障礙） ・虐待兒童 ・情緒障礙（哭鬧、反抗等等）	・利用心理治療照護 ・在照護受虐兒的心理層面時，也必須處理施虐方的心理問題

器質性因素的問題要接受醫學治療，環境因素的問題要接受心理輔導。不管是哪一種因素造成，在這個發展階段不只要照護當事人，連同其家人也要一起照護。

各發展階段特徵 3

兒童期（六歲～十二歲）

環境和人際關係變得更廣泛，心靈得到進一步的發展，也更加複雜化

經歷和他人的矛盾

到了兒童期，認知能力會有更進一步的發展。幼兒期看待事物一切以自我為中心，兒童期則會學到社會性的觀點。另外，幼兒期主要面對自己內心的矛盾，兒童期則會**經歷自己和其他對象的矛盾，好比對其他人的矛盾，或者對社會的矛盾**。有了跨越矛盾的經驗，孩子就會獲得自我效能感*1。

兒童期的心理問題和照護

有些孩子開始上學後，會發現有**學習障礙、ＡＤ／ＨＤ、廣泛性發展障礙**等問題。這些孩子難以獲得自我效能感，容易引發二次障礙*2。

由於環境和人際關係更加廣泛，孩子本身的心靈也變得複雜，問題也不容易解決。比方說，孩子一開始可能在人際關係上遭遇挫折，因為不想讓父母擔心，自己又拉不下臉承認，於是忍到後來不斷惡化，乾脆就不去上學了。再者，這個階段的孩子正處於發展過程中，無法確實表達自己的心情和問題，經常會發展成生理症狀和行為上的問題。

有些需要醫學治療的心理問題，其實並沒有浮出檯面。像憂鬱症、焦慮症（➡P23）、飲食障礙等疾患的年齡越來越

詳細解說！

*1 所謂的自我效能感，就是相信自己有能力能解決問題的感覺。

*2 所謂的二次障礙，就是原本的障礙所衍生出的其他問題。比方說，患有ＡＤ／ＨＤ的孩子沒有智能問題，但為人缺乏定性，上課也不專心，因此考試考不到好成績，最終也失去自信。這種情況下自尊心受傷，就是所謂的二次障礙。

低，儼然是一大問題。周圍的大人也很難發現孩子身上的變化和警訊，關鍵在於及早進行處置，不要小看這些變化和煩惱。情況太嚴重的話，可能需要跟專家商量。

兒童期的心理問題

兒童期的環境和人際關係更加廣泛，孩子的心靈也變得複雜，問題也不容易解決。

兒童期常見的問題

我講那句話
沒有惡意
肚子好痛，
不想去上學啊

人際關係受到挫折，因為不想讓父母擔心，自己又拉不下臉，只好一直忍耐。

發生逃學等問題，而且越來越嚴重

發展障礙和二次障礙

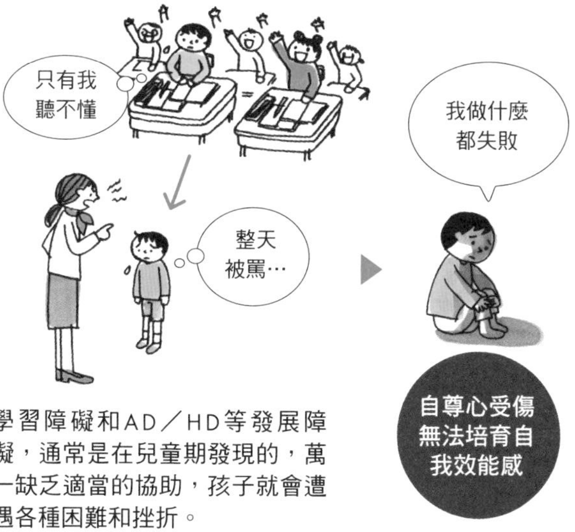
只有我
聽不懂
我做什麼
都失敗
整天
被罵…

學習障礙和AD／HD等發展障礙，通常是在兒童期發現的，萬一缺乏適當的協助，孩子就會遭遇各種困難和挫折。

自尊心受傷無法培育自我效能感

各發展階段特徵
4

青春期（第二性徵～十七、八歲左右）

身體產生變化，心靈也逐漸獨立自主，交友關係成為重要主題

身心成長為大人

身體從幼兒成長為大人，這一段時期就稱為青春期。根據發展理論的論述，青春期涵蓋在青年期之內。

這個階段的發展課題，是**接受第二性徵**[*1]**所帶來的生理變化**。孩子開始對性方面的議題產生好奇，並出現月經或初精等生理變化，以正面的態度面對變化，是健康成長的一大關鍵。

青春期的心理問題與照護

青春期會**發生人際關係的變化，以及心理上開始獨立自主**。這個階段開始準備確立自我認同（⇩P94），心理上也不想再依賴父母，因此會進入反抗期。雖然會開始建立自己的價值觀，但獨立自主並不容易。朋友的生活方式會成為參考標的，**這個階段交友關係的意義和影響力非常大，很多人跟朋友交往出問題，進而導致逃學和其他心理問題。**

另外，青春期也容易被捲入家庭問題中，好比雙親失和、婆媳問題、家人失業、老人看護等來自家長的壓力。可是，青春期特有的自尊心，以及對大人的反抗心和不信任感，讓孩子不願表達自己的心情。這些煩惱和不安，可能轉化為暴力、自殘行為、逃學，或是以精神障

詳細解說！

*1 所謂的第二性徵，是指男女性器、生殖腺以外的差異。男性會有初精、變聲、長陰毛、肌肉發達等現象。女性則有初潮、乳房發育、長陰毛等現象。

順便了解一下！

學生情感淡漠

*2 學生失去學習動力，也不願上課。又稱為學生怠惰症。

礙的形式表現出來。

青春期容易引起左圖的心理問題，而在進行心理面談時，也容易看到青春期特有的依附和反抗這兩種極端的態度。

提供協助的一方應該耐心以對，建立雙方的關係，深入探討交友關係和家庭環境等背景因素。

容易引發心理問題的時期

青春期容易引發下列的心理問題，例如逃學、家暴、霸凌、社交恐懼、性方面的問題。另外，容易引發的精神障礙則有飲食障礙、強迫症、憂鬱症、思覺失調症。

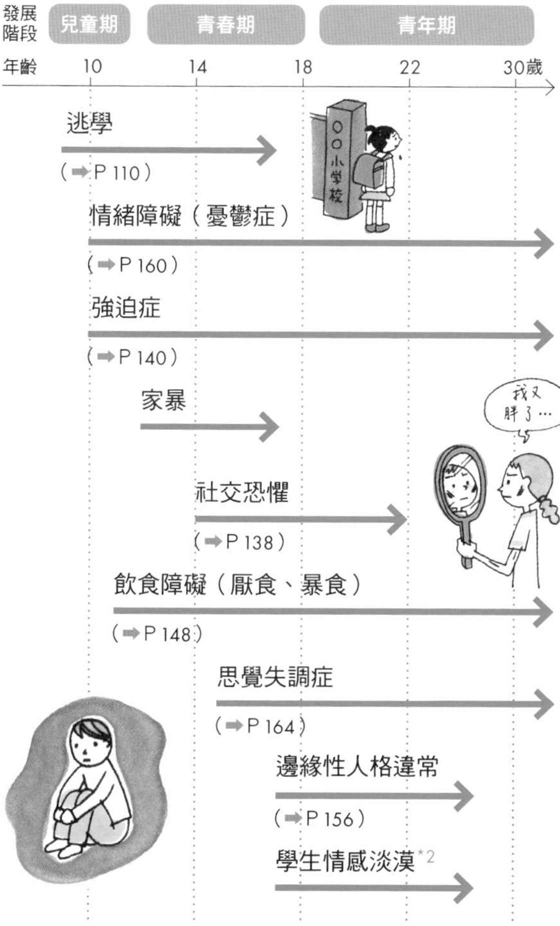

發展階段
兒童期
青春期
青年期
年齡
10
14
18
22
30歲
逃學
（➡P 110）
○○小学校
情緒障礙（憂鬱症）
（➡P 160）
強迫症
（➡P 140）
家暴
我又胖了…
社交恐懼
（➡P 138）
飲食障礙（厭食、暴食）
（➡P 148）
思覺失調症
（➡P 164）
邊緣性人格違常
（➡P 156）
學生情感淡漠*2

各發展階段特徵
5

青年期（十歲左右～三十歲左右）

確立自我認同是最大的課題，也是身心持續變動的時期

摸索自我認同

青年期是一直到**近代社會才誕生的發展階段概念**[*1]。在不同時代，人們對青年期的認定有不同看法，但近年來多半認為十歲到三十歲左右為青年期。跟青春期有互相重疊的部分。

「自我認同」是青年期心理發展的重要課題。艾瑞克森認為青年期是**心理上的認同未定**[*2]**時期，當事人會嘗試確立自我認同**。所謂的自我認同，是對自我身分的詰問，也是一種確認身分的自我統一感。在面對這個發展課題的過程中，人際關係也會有所改變，為了消解不安和孤獨，會尋求朋友和戀人的親密關係。此外，要經歷左頁的幾個發展課題，才能確立自我認同。

青年期的心理問題

受到時代演變和社會因素影響，青年期的問題也不一而足。現代青年的主要問題在**「人際關係淡薄化」**。意思是人際溝通產生變化，人們傾向於建立表面上的關係，這樣比較不會有摩擦。有學者認為，這導致人們無法建立成熟的人際關係，難以包容不一樣的價值觀。

另一個特徵是**「煩惱解離」**，也就是有越來越多的青年不懂得煩惱，面對挫

詳細解說！

*1 青年期身心面臨重大轉變，也是不安定的變動期。有人主張青年期充滿危機，也有人主張跟其他階段相比，青年期更為穩定。另外有研究表示，青年期究竟是危機或平穩，主要受到不同因素的影響。

順便了解一下！

認同未定

*2 本來Moratorium是經濟用語，意指寬宥償債的期限。後來衍生為沒有即時處理好該處理的課題。認

折直接表現出有問題的行為，而不是先傷腦筋苦思。好比家裡蹲、繭居族、飲食障礙、社交恐懼〔⬇P138〕等等，可以說就是這種問題的體現。

除了這些心理問題外，青年期也容易產生焦慮或情緒障礙。因此在提供心理協助時，不只要考量自我認同的問題，還要考量現代青年特有的心理狀況。

同未定期是社會給予的寬限期，不必承擔各種社會責任，可以不斷摸索自我認同。

青年期的發展課題

❶ 脫離父母獨立自主

在物理上和情緒上跟父母保持距離。當事人學習自我控制，從不安定慢慢轉趨安定。

❷ 性別角色的一致性

在青春期以後，接受第二性徵帶來的生理變化。當事人開始在意異性的眼光，因此會關注性別角色的問題。

❸ 道德性的確立

在社會既存的價值觀和本身的觀念中，尋求妥協點。重新建構一套自我的價值觀。

❹ 職業選擇

考量自己的職業觀念和能力，選擇職業。

❺ 自我認同的確立

除了①～④，考量交友關係、個人興趣、性格，以及各種要素，重新反思自己的身分定位。經過統合性的思考後，終於確立自我認同（自我的一致性）。

經歷過上述階段，確立自我認同，搞清楚自己的身分是青年期最大的課題。

各發展階段特徵

6

中年期（四十歲～六十五歲左右）

為人成熟圓融，但開始出現衰退、失去、走下坡的經驗，是隱藏危機的轉變期

成熟與衰退的時期

四十歲左右是中年期，榮格稱之為「人生的正午」，也是**產生重大變化的時期**[*1]。過去的努力，在這個階段開始開花結果，但也出現衰退、失去、走下坡之類的變化。

中年期的心理問題與照護

中年期會出現記憶衰退這一類的認知功能下降，女性還會有更年期的賀爾蒙變化，以及身心上的不適。另外，還得面對父母和同年齡層的親友去世。過去從不關心的生死議題，如今悄悄逼近，當事人會對自己的人生感到焦慮和不安。

家庭層面也會發生變化，例如要養育青春期或青年期的小孩，這一階段的小孩身心都處在不安定的狀態。或者，小孩獨立自主後，父母產生空虛或抑鬱的情緒。照顧老邁的父母也是一大壓力。

而在工作層面上，有人無法順利升遷而抑鬱寡歡（升遷停止症候群），也有人升遷後過度努力（工作倦怠）（⬇P 290），或是升遷後工作反而不順（升遷憂鬱）。被裁員也是可能面臨的困境。

受不了這些變化而自殺（⬇P 118）的人也所在多有。尤其日本中老年人自殺率特別高。有的人甚至還會**質疑自己的**

詳細解說！

*1—過去的發展心理學重視生物層面上的成長，並沒有重視中年期。直到一九七〇年以後，才開始正式研究中年期。雷賓森分析中老年男性的個人史，把四十到四十五歲的階段稱為「人生的過渡期」。

自我認同，要跨越這些**中年期的危機**，必須考量自身的年齡和體力極限，思考未來要過上怎樣的人生。同時，尋求心理上的協助，掌握未來人生的主導權。

中年期的心理問題

中年期在生理、心理、環境上都容易遭遇變化，可能會發生下列問題。

中年期容易發生的變化

生理、心理變化

●體力衰退●記憶力衰退●親友去世
●女性更年期，賀爾蒙平衡出問題

家庭變化

●難以應對青春期～青年期的孩子●學雜費等經濟負擔
●孩子獨立，卻產生空虛感●照顧年邁父母・熟年離婚

工作變化

●無法升遷的挫折感●太過努力終致燃燒殆盡●過勞死
●跟不上時代演變●裁員

⇓

中年期容易發生的心理問題

●變得較為抑鬱，重新質疑青年期建立起的自我認同，反思自己是否有缺憾？對於人生是否已經滿足？
●有人受不了變化，寧可自殺。尤其日本中老年人自殺率特別高。

面對這些中年期的問題，當事人必須反思，未來自己想過上怎樣的人生？人生又該做何取捨？同時，尋求適當的心理支援，觀念經過修正以後，會再次獲得合宜的自我認同。

各發展階段特徵 7

老年期（六十五歲～）

角色的轉換期，雖然要面對衰退和失去，但也有成熟和充實的一面

老年期是面對衰退和失去的時期，但也有人認為，老年期是成熟和充實的時期[*1]。對於老化的過程有各種不同的看法，老年人面對老化的心態也不一而足。

失去社會角色

高齡化的區域或國家，老年期的年齡範圍非常廣泛。日本六十五歲到七十五歲的長者，稱為前期老年人；七十五歲以上稱為後期老年人。

大多數男性六十歲到六十五歲退休，不必再被工作束縛。過去努力工作的人，失去了獲得充實感的方法，容易陷入危機的局面。另外，女性不必再處理外在的工作，兒孫成長後也失去了母親和祖母的角色。老年期的前半段**失去了社會角色，如何在剩下的人生找出價值和意義，是非常重要的課題。**

老年期的心理問題和照護

這個階段的心理問題，都有複雜的因素牽扯其中。在提供心理支援的時候，要深入了解社會背景、經濟狀況、日常生活動作[*2]，還有家族歷史、病歷、人際關係等等。也就是深入而具體地了解個人背景。

另外，**失智症是老年期的代表性疾患**，失智症有左圖所列的特徵。近年來，

詳細解說！

*1 在巴提斯等人提出「成功老化」的概念前，其實人們並不認為老年期是成熟和充實的時期。這是一九九〇年代才開始推廣的思維，提倡用不同的方式度過餘生，積極嘗試老年期能否有其他作為。

*2 泛指日常生活中所需的基本行動，例如吃飯、替換衣物、移動、起床、上廁所、洗澡，又稱為ADL。是衡量老化和障礙程度的指標。

有研究指出使用藝術療法和其他心理治療，可有效安撫失智症患者的心靈，提升其生活品質。而家人要照顧老年人，照護家人的心理層面也相當重要。在高齡化社會下，給予失智症患者和其他老年人心理照護的必要性也越來越高。

失智症的特徵

失智症是老年期的代表性疾患。近年有研究指出，在失智症初期，提供心理療法可減緩認知功能衰退的速度，讓患者情緒較平穩、保有日常生活功能等效果。

何謂失智症……

由於腦部的器質性障礙，導致原本的智能受損，難以過上普通的日常生活。阿茲海默症是引起失智的代表性疾患。

初期阿茲海默症的症狀

健忘
（記憶障礙）

工作或家事開始頻繁失誤
（執行功能障礙）

對日期的觀念混亂
（時間的定向障礙）

在高齡化社會下，給予失智症患者和其他老年人心理照護的必要性也越來越高。另外，支援老年人的家屬也是重要課題。

智能障礙

智能相關的功能障礙，目前幾乎無法做根本治療

智能相關的功能障礙

所謂的智能，是人類腦神經系統中的一種功能。泛指思考、記憶、表現相關的所有能力。

世界衛生組織（WHO）對「智能障礙」的定義是，**智能低於一般水平，缺乏適應社會生活的能力**。另外，美國智能障礙發展協會一直在研究相關問題，根據其第十版定義，智能障礙是指智能和適應行為雙方面受到明顯限制的障礙，通常好發在十八歲以前。左圖為一般的診斷基準。

引起智能障礙的原因甚多，目前幾乎很難做有效的根本治療和改善。

智能障礙的區分與照護

智能障礙的程度不同，狀態也有顯著差異。為了提供必要的支援，智能障礙分為以下幾個程度。包括輕度（智商五十～七十）、中度（智商五十～三十五）、重度（智商三十五～二十）、最重度（智商低於二十），一般多分為這四個程度。

對於智能障礙的處理方式，幼年期提供療育（⬇P88）可促進智能發展。支援其家屬也十分重要，好比提供養育支援或喘息照護[*1]。不過，目前大部分群

詳細解說！

*1 這是指提供休憩機會的意思。也就是先把身障者安放到設施中，或是委託行政服務照顧，以避免家屬過於疲勞，提升全家暨看護者的QOL（生活品質）。

眾並不曉得有這樣的公共服務。

治療智能障礙，多半著重於行為上的照護，也就是只教導當事人適應社會的技能，而疏於照護其心理。不過，智能障礙者從小就感覺自己不如其他人，要避免這種情緒發展成自卑感，必須進行心理層面的對談，並支援當事人尋找自我定位，這麼做有重大意義。

智能障礙診斷指標

根據「智能」和「適應技能」這兩大面向來診斷智能障礙。所謂的適應技能，就是在社會上度過正常生活所需的能力。

智能

智力測驗的結果稱為智商（IQ），智商不足七十者即為智能障礙。

適應技能

依照下列行為來進行診斷。

溝通	懂得用語言、表情、動作來交流。
自我管理	會自行排泄、進食、穿脫衣物、保持清潔等等。
家庭生活	會做家事、管理家庭安全、保護家庭周全等等。
社交技能	守禮儀、懂得體恤他人。
適應地方社會	會自行購物，使用交通工具和機械。
自律性	會自我管理及表現自我。
活用學到的知識	會活用學校教的算術技能，還有讀寫能力。
勞動	有工作能力。
閒暇	會享受閒暇，參加休閒活動。
健康	會預防疾病，生病時也會處理。
安全	會防止意外或事故發生。

廣泛性發展障礙

社會關係、溝通、想像力與創造力出問題

主要有四大類別

在精神疾病診斷與統計手冊第四版〔⬇P126〕的介紹中，這是幼年期會出現的一種症候群，廣泛性發展障礙包含以下四種障礙。

第一種是美國兒童精神科醫師凱納在一九四三年提出的**自閉症**。自閉症生成的原因尚未明朗，推斷可能是遺傳造成的腦神經系統障礙[*1]。

第二種是**亞斯伯格症候群**。一九四四年奧地利小兒科醫生亞斯伯格提出了相關報告，跟自閉症最大的不同在於，語言發展沒有明顯遲緩。只不過，兩者的治療方式相同，因此常被當成同一種疾患。

第三種是**兒童期崩解症**，患者出生兩年後發展都算正常，但在十歲以前，語言、人際溝通技能、排泄、玩樂、運動能力會開始出問題。發病後症狀跟自閉症類似。

第四種是**雷特氏症**。患者出生半年內發展都算正常，但智能和運動能力逐漸衰退。這是一種常見於女性身上的神經疾患，而且會持續惡化。通常會併發呼吸障礙、腦波異常、肌肉萎縮等症狀。

廣泛性發展障礙的照護

廣泛性發展障礙的病因並不清楚，也缺乏關鍵的治療方式。腦波異常和睡眠

詳細解說！

*1 自閉症除了有左頁的三組障礙以外，還有智能障礙、腦波異常、睡眠障礙、感覺失衡（皮膚感覺敏感，但痛覺不夠敏銳）等等。另外，沒有智能障礙的自閉症，稱為「高功能自閉症」。

障礙等併發症可用藥物控制，通常對左圖的三種障礙還會提供療育的照護。

近年來，除了提供患者療育，讓患者學習與人交往的技術以外，提供心理治療〔⬇P16〕讓患者有意與人接觸也同樣重要。

廣泛性發展障礙的共通問題
（三組障礙）

英國的幼兒精神科醫生羅娜溫把下列三大領域的問題統稱為「三組障礙」，這些都是廣泛性發展障礙的共通症狀。

① 社會關係的問題

無法了解他人的表情，不懂心照不宣的默契。不肯與他人四目相對，常會做出不合時宜的行為。

靠近他，
他也不肯看我
一眼。

② 溝通的問題

語言學習困難，就算沒有語言學習緩慢的問題，交流方式可能也太過死板。當事人講話經常雞同鴨講，或模仿別人提出的問題。

你幾
歲？
你幾
歲？

③ 想像力和創造性的問題

不知變通，不依循一定的程序做事就感到不安。不會玩扮家家酒，聽不懂別人的比喻或玩笑話。

又沒下雨，
但他沒帶雨傘
就會生氣。

發展過程中的問題 3

學習障礙（LD）

長久以來一直為人所知的障礙，智能發展沒有遲緩，但有學習上的問題

一九六〇年代，美國的柯克**把學習障礙的學生稱為Learning Disabilities，也就是智能發展沒有遲緩，但有學習上的問題。**後來，LD這個概念就在教育界廣為流傳了。

日本一直到一九九〇年代，才開始關注學習障礙的問題。一九九九年文部科學省也提出了相關的定義[*2]。

有讀寫或其他學習困難

「學習障礙（LD）」是長久以來一直為人所知的障礙。十九世紀後期，人們發現有的兒童視力和頭腦沒問題，但有難以閱讀文字的「先天性語盲」，這可能就是學習障礙的起源。之後，幼童學習上的問題被認為是腦炎或腦部損傷的後果，因此二十世紀中期，學習障礙被視為「輕微腦損傷」或「輕微腦部障礙」[*1]。輕微的腦部損傷或腦功能障礙，導致兒童有讀寫上的學習問題，或是過動等行為上的問題。不過，診斷基準不明確始終為人詬病。

學習障礙兒童的照護

學習障礙的主要症狀與課業有關，幾乎在孩童就學後才會發現。學校生活以課業為主，因此學習障礙兒童的學校生活多半有困難。於是，**孩童容易產生二**

詳細解說！

*1 「輕微腦損傷」或「輕微腦部障礙」皆簡稱為MBD。

順便了解一下！

文部科學省對學習障礙（LD）的定義

*2 文部科學省在一九九九年做出了下列定義。所謂的學習障礙，是指當事人各項智能發展並無遲緩，但閱讀、談話、聆聽、書寫、計算、推論等特定能力，在習得和使用上有各種困難的狀況。學習障礙者可能中樞神經

次障礙（⬇P90），**好比失去自信、自我評價不高等等。**

要解決幼童的這些困難，必須精確掌握每一個案的問題，並且設定合宜的課題。周圍的大人和當事人應該正確了解這些障礙，盡可能量力而為，不要讓孩童去做超出能力的事情，以免造成二度障礙。

日本在二〇〇六年修正學校教育法，對學習障礙提供了特別支援教育（⬇P 242）。目前學校提供的教育和指導都有顧慮到學習障礙的學生。

系統有功能障礙，但跟視覺障礙、聽覺障礙、智能障礙、情緒障礙，或是環境因素並無直接關聯。處理好該處理的課題。

學習障礙（LD）的主要特徵

文部科學省在 1999 年，對學習障礙（LD）做出了下列的定義。

① 閱讀障礙

- 要花很大的心力，才能逐步看懂一些文字。
- 難以掌握字面上的意思。

- 無法依序閱讀，或反覆閱讀同一段落，弄不清自己在唸哪裡。

② 書寫障礙

- 文字左右顛倒。

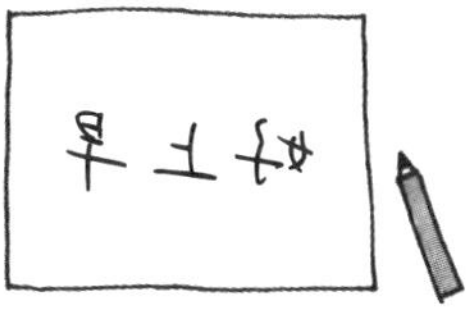

- 不知該如何使用標點符號。
- 不按照正確的方式書寫文字。
- 文法錯誤百出。

③ 數學障礙

- 無法正確算數。
- 會計算，但不會解應用題。
- 不會看圖表。

AD／HD（注意力不足過動症）

也有成人後才被診斷出來的例子，行為有三大特徵

特徵為缺乏注意力、好動、衝動

「AD／HD（注意力不足過動症）」是一種發展障礙，行為有下列三大特徵。第一是**「缺乏專注力」**，容易分神，難以集中在同一件事物上。第二是**「過動」**，沒法靜下來，會在不合宜的狀況下亂跑。第三是**「衝動」**，不能乖乖等待順序或適當的時機[*1]。原因可能出在神經傳導或腦部功能障礙[*2]。

兒童過動的現象自古就有，直到二十世紀初，醫界才開始關注有過動徵兆的症候群。經過多方研討，一九九四年的精神疾病診斷與統計手冊第四版，終於定義了注意力不足過動症，其中也包含過動和衝動症狀。

注意力不足過動症兒童的照護

AD／HD的主要介入法，有分SST（⬇P234）和行為治療（⬇P180）。前者會教導兒童如何建立適當的人際關係，後者則是教導合宜的行為，並且消除不合宜的行為[*3]。除了用這些方法，從兒童的心理及教育層面著手，另外也需要安排一個適合兒童的環境。日本二〇〇六年修正學校教育法，AD／HD也列入特別支援教育的目標。

AD／HD的孩子經常不守群體規

順便了解一下！

AD／HD的分類

*1 三大症狀依照強度不同，有分「注意力不足型」、「過動暨衝動型」、「混合型」。

詳細解說！

*2 學齡前的兒童，約有百分之三到百分之七有此疾患。尤其男生比例較高，男女比為二比一到九比一。

*3 醫生可提供藥物，減輕好動和注意力不足的問題。

範，被罵的機會比被稱讚的機會要來得多，因此自我評價容易降低，母親也承受不少壓力，常陷於養育困難的窘境。不過也有研究指出，AD／HD的**症狀容易受到周圍狀況影響，若有一個給予兒童正面評價的環境，症狀就不會那麼明顯。**因此，臨床心理師等專家應該和兒童身邊的大人合作，共同面對問題。

AD ／ HD（注意力不足過動症）的特徵

AD ／ HD（注意力不足過動症）有以下三種特徵。

① 缺乏注意力

- 兒童在學習或作業時，難以發揮細心的特質。
- 無法擬定處理課題和活動的順序。
- 處理課題和活動所需的物件經常遺失。
- 一遇到外在刺激，就會失去注意力。

哎呀、
懶得做了！
才過
五分鐘耶…

② 過動

- 四肢不安分，會在椅子上動來動去。
- 在上課或必須就座的時候，刻意離開位子。
- 在不合宜的狀態下跑來跑去，或者爬到高處。

還在
上課喔！
ふら～

③ 衝動

- 難以乖乖等待順序。
- 老師問題還沒講完，兒童就搶先回答。

大家都有
排隊耶。

發展過程中的問題 5

虐待

虐待所受的心靈創傷極大，必須旁人一同提供輔助

四種虐待形式

「虐待」的對象不是只有嬰幼兒或兒童，舉凡大人、老年人、特定人種、部族也都可能是受虐的對象，也是人類史上常見的悲劇。二十世紀以來，全球開始重視人類的尊嚴和基本的人權，因此人們才對虐待一事產生罪惡感。

現在，父母對子女的虐待主要有以下四種形式。第一是直接暴力相向的**「肢體虐待」**，第二是**「心理虐待」**，也就是態度冷淡，不許孩子有情緒性的反應，或是強迫其接受特定的宗教等等。讓孩子目睹家暴也屬此類[*1]。第三種是**「性虐待」**，第四種是**「忽略」**，泛指放棄養育職責，或沒有給予飲食照料之舉措[*2]。

隨著虐待的問題浮上檯面，法律也有相應的改進。現在**只要有虐待兒童的「嫌疑」，旁人就有通報的義務，兒童諮商中心或各級首長可以直接剝奪親權，將父母和孩子隔離，而不需要經過父母同意。**

虐待的照護

受虐兒所受的心靈傷害極大，甚至會害怕和他人親近。因此，要盡量提供一個安心、安定、一致的環境，並施行心

詳細解說！

*1 這是指家庭內的暴力行為，尤其是指夫妻或情侶關係中，男性對女性施加的暴力行為。

*2 二〇〇九年日本全國兒童諮商中心處理的受虐事件，高達四萬四千二百一十一件。相關統計自一九九〇年開始，本來只有一千一百零一件，至今足足增長了將近四十倍。最常見的施虐對象是生母，其次才是生父。

*3 父母的虐待行為有

理治療緩和心靈傷痛。臨床心理師、兒童諮商中心、社福人員、精神科醫生、社福機構、行政單位的專家必須攜手合作，一同提供支援。

左圖列出了虐待發生的四大原因[*2]，只要注意這四大風險徵兆，就可以提供比較確切的援助。萬一有生命危險或性虐待的嫌疑，在實施心理治療以前，要先讓孩子脫離家庭，從長遠的角度擬定療程。然而，失去父母或至親所帶來的影響也必須考量。

虐待發生的主因

有下列風險就容易發生虐待。

1. 父母有精神障礙或酗酒等成癮問題，或是有受虐的經驗。

2. 孩子不順父母的意（父母不想要的小孩、發育遲緩的小孩、難以養育的小孩等等）。
3. 生活有危機或壓力（尤其是經濟危機、夫妻家暴、離婚問題）。

4. 孤立於社會的家庭，跟左鄰右舍沒有來往。

可能傳給下一代（⬇P88）。在照護受虐兒的同時，也要提供施虐的一方心理衛教（⬇P232）、心理治療、養育支援。

發展過程中的問題
6

逃學

始於一九七〇年代的社會問題，現在已非特殊現象

逃學的起因與變遷

關於「逃學」問題，文部科學省的定義是，**由於心理、情緒、生理、社會或環境因素，導致當事人不肯上學，或是想上學卻沒辦法上學。每年曠課日數超過三十天，疾病或經濟因素者除外。**

從一九六〇年代起，人們就開始討論孩子不去上學的問題了。長期曠課率在高度經濟成長期一度下降，到了一九七五年又再次上升。有些孩子健康和經濟層面沒有問題，卻不肯去上學，這種**「逃學」現象儼然成了一大社會問題。**

不過，從一九九〇年起，人們認為每個學生都有逃學的可能，不再被視為特殊現象。隨著價值觀逐漸多元，社會也認同多樣化的生活方式。逃學的原因可能是兒童對學習興趣缺缺，沒有去學校的動力所致。

對逃學的照護

誠如左頁圖示，逃學牽涉到各種背景和因素，需要個別的處置。**可以提供學校以外的學習場所，讓學生不必上學也能學習。**好比適應指導教室[*1]、自由學校[*2]、地方政府主辦的學習營[*3]等等。有的學校也願意讓學生到保健室或諮商室上課。

順便了解一下！

適應指導教室
[*1] 由地方上的教育委員會經營的機構，協助逃學的孩子重返校園。目的是透過學習和運動，讓孩子體驗同儕之間的關係。

自由學校
[*2] 讓逃學的孩子有安身之處的民間機構。

地方政府主辦的學習營
[*3] 地方公共團體解決逃學問題的一種方案，方法是召集一群逃學的孩子，讓他們共同生活好幾天。

跟父母或孩童探討時，不該只著重於要不要上學的問題。而是要提供適當的協助，讓孩童找到上學的意義和樂趣，學習融入社會和建立人際關係的技巧，讓他們可以走出屬於自己的人生。

逃學的類型和原因

逃學只是一種現象的總稱，主要有以下幾種理由和情況，不同類型的狀況也不一樣。

1 校園生活上的不良影響

有無法參與校園生活的明確理由，好比被其他學生欺負，或是跟老師關係不好。

2 貪玩、行為偏差

加入不良團體，整天遊玩，不去上課。

3 怠惰

懶洋洋地不想去上學，對逃學沒什麼罪惡感，有人去迎接或催促才願意去學校，但持續不了多久。

4 出於不安的情緒混亂

情緒混亂不想上學（無法上學），主要跟不安的情緒有關。當事人表示自己有意上學，但身體不適無法前往，或是因為情緒不安而無法上學。

5 蓄意逃學

認為上學沒有意義，寧可去做自己喜歡的事情。

6 複合原因

持續逃學的理由複雜，難以釐清哪一個是主因。

7 其他

不符合上述任何一種類型。

發展過程中的問題
7

霸凌

霸凌問題由來已久，現在已成為嚴重的全球性問題

對被害者身心都有嚴重的影響

關於「霸凌」問題，文部科學省的定義是，**當事人受到心理或物理上的攻擊，精神上感到非常痛苦，跟施加攻擊的一方有某種程度的人際關係**。自一九八〇年開始，霸凌現象成為日本一大社會問題。

霸凌的內容和傷害程度不一而足，**輕微的可能只是開玩笑或調侃，嚴重的則有觸犯刑法的暴行、傷害、恐嚇**。被害者的身心會受到深刻的不良影響，甚至發展成自殺或殺人事件。

被霸凌的孩子通常有兩大特徵，第一是被霸凌也不會反抗，第二是習慣息事寧人。再加上被害者本身的性情，可能不想被當成一個愛打小報告的人，或是羞於啟齒，因此多半不願意和旁人商量，寧可獨自忍耐。至於霸凌的一方，有時候會透過霸凌行為來發洩自身的壓力和挫折感[*1]。

對霸凌的照護

要徹底消除霸凌不是一件容易的事，但霸凌發生的時候，可以防止二次傷害發生，並打造一個不易發生霸凌的環境。

首先，要照護被害者受傷的心靈，觀察被害者是否有精神障礙，並預防其自殺。之後，教導被害者處置霸凌的方法，

詳細解說！

*1 霸凌不只是加害者和被害者的問題，其他還有愛看熱鬧的「觀眾」和視而不見的「旁觀者」，這些孩童對霸凌問題也大有影響。

*2 也就是「犧牲品」。現代社會中，整個群體會一起欺負犧牲品，進而找出群體的共通點，維持群體的關係。

順便關注加害的一方，讓他們學習情緒控管，養成關懷他人的同理心。

同儕關係發展和霸凌的架構

從兒童期到青春期的同儕關係，有分「集團群組」、「密友群組」、「夥伴群組」。要先經歷「集團群組」、「密友群組」等同儕關係，才會成長為「夥伴群組」。

兒童期後半（小學生）→ 青春期前半（中學生）→ 青春期後半（高中生）

集團群組
把一起玩的對象視為夥伴。這個時期的孩子想要脫離父母獨立，為了跨越這種不安，因此需要夥伴，尤其男童更是如此。

密友群組
這是指有共通興趣、共通關注項目的友好群體。會用語言確認彼此的共通點或相似點，尤其少女更是如此。

夥伴群組
認同彼此的價值觀、理想、生活方式，有相同和相左之處，並且尊重對方是獨立自主的個體。

通常集團群組或密友群組的成員會在短時間內體驗到被排擠的狀況。

→ 透過實際經歷，學習被排擠的感受，了解被排擠是怎麼回事。

→ 精神上獲得成長。

可是在現代社會中

集團群組消失，密友群組也逐漸式微。霸凌的被害者成了維持群體關係的「祭品[*2]」。

發展過程中的問題 8

行為偏差

與少年犯罪有關的行為，需要從教育層面和改善環境下手

三大類別

一般來說，「行為偏差」是指未成年人的反社會行為。

日本的少年法將行為偏差的少年分為三大類，分別是「犯罪少年」、「觸法少年」、「虞犯少年」。**「犯罪少年」**是指十四歲以上、二十歲以下的少年犯罪；**「觸法少年」**是指未滿十四歲的少年，觸犯刑罰法令[*1]；**「虞犯少年」**則是沒有受到監護人的不當管教，卻不願意聽從監護人教導的狀況[*2]。

對虞犯少年的處置已有明示，未成年人的偏差行為，換作成年人去做未必是犯罪行為。所謂的偏差行為，是一種探討「未來犯罪風險」的概念。

偏差行為的照護

偏差行為的成因因人而異，若從「生物—心理—社會模式」（➡P36）的觀點來看，有左頁圖示的三大原因。

少年的身心尚在發展，所以還有成長和改善的可能性。**矯正少年行為偏差，必須從教育層面和改善環境下手。**舉凡家庭裁判所、少年鑑別所、保護觀察所、少年感化院、兒童諮商中心、兒童自立支援機構、警察的少年問題諮商機構，都有提供指導和輔助（➡P282）。另外，

詳細解說！

*1 未滿十四歲的少年犯罪，不會被追究刑事責任，因此用「觸法」來形容。

*2 符合「虞犯少年」的事由如下。第一，沒有受到監護人的不當管教，卻不願意聽從監護人教導的狀況。第二，沒有受到監護人的不當管教，卻離家出走或任意外宿的狀況。第三，跟有性犯罪經歷的人或是不道德的人來往，出入不正當的場所。第四，有不正常的性癖好，

努力在學校和地方社會設立防線，防止少年行為偏差也十分重要。

行為偏差通常給人負面的印象，但也可以反過來解決少年常見的問題，促進其發展。因此應該當成發展的一個過程，由周圍的人一起提供矯正的協助。

行為偏差的原因

行為偏差的原因因人而異，主要有以下幾個因素。

大人也是胡搞瞎搞，為什麼我就不行！

心理學的因素

- 缺乏被監護人重視的經驗，飽嘗可悲、無力、絕望、不安等負面情緒。

除了上述原因，還有可能患有學習障礙或AD／HD等發展障礙，在生活上遭遇困難，卻沒有獲得適當的支援。這些問題都有可能化為反社會行為。

反社會行為

WINE
BEER

生物學的因素

- 酗酒、吸膠、吸毒。

濫用酒精或藥物，不只是偏差行為，也是偏差行為惡化的主因。

社會（環境）因素

- 家庭問題（貧困、虐待、家庭機能不健全）。
- 地方社會問題（不良文化根深柢固的學校或區域）。

少年容易受同儕關係影響，不良文化根深柢固的社區中，偏差行為也容易蔓延。

會做出有損自身德性或他人德性的行為。

發展過程中的問題 9

繭居

待在家中超過半年，可能與精神障礙有關

重視繭居造成的煩惱

關於「繭居」問題，厚生勞動省二〇一〇年做出的定義是，當事人受到各種因素影響，拒絕參與社會活動（包含義務教育在內的求學活動，以及正職或非正職的工作，還有跟家人以外的對象交遊等等），**原則上在家中超過半年就算繭居狀態**。

繭居其實很難一概而論。再者，繭居本身未必是問題。除非**當事人對繭居感到痛苦，那就需要心理上的援助了**。左頁圖示是繭居狀態下容易產生的煩惱。

繭居的照護

現在估計全日本有二十六萬戶家庭的子女，有繭居的問題[*1]。有鑑於此，厚生勞動省在二〇〇九年推動「繭居對策事業」，設立「繭居地方支援中心」，在各地方開設專門解決繭居問題的初步諮商窗口。目的是在地方上提供一個明確的諮商管道，讓需要的人可以更容易獲得支援。各支援中心有安排「繭居支援協調專家」，由社福人員擔任，負責跟各個機構建立合作網絡，廣泛提供處理繭居問題所需的資訊。臨床心理師在合作網絡中，也會提供相關支援活動。

詳細解說！

*1 這是指二十歲以上的繭居子女，資料摘錄自「心靈健康相關的流行病學調查研究（厚生勞動省科學研究，二〇〇六年）」。

*2 按照厚生勞動省的定義，繭居原則上和思覺失調造成的繭居不同。只不過，也有極高的可能是還沒確診的思覺失調造成的，這一點必須特別留意。另外，精神障礙會導致繭居問題，但繭居也可能造成精神障礙。

有報告指出，在調查繭居問題的過程中，會發現繭居問題跟各種精神障礙有關。其中較有關聯的包含廣泛性發展障礙、焦慮症、身體型疾患（⬇P144）、情緒障礙、人格違常（⬇P152）、思覺失調症等等[*2]。在支援繭居問題時，也需要照護精神障礙和發展障礙。

繭居的問題

繭居可能會有以下的煩惱。

1 沒有人際互動的關係

- 擁抱孤獨感。

2 沒有社會執掌

- 當事人有自卑感、缺乏自信，自我認同混亂。
- 當事人家族覺得沒面子，不曉得該如何處置當事人。

3 有經濟問題

- 為了養育沒工作的當事人，對家人和家庭生計造成負擔。
- 當事人也知道自己給家人添麻煩，因此感到痛苦。

4 可能有精神障礙、發展障礙

- 焦慮症、人格違常、憂鬱症等精神障礙，可能會讓繭居狀況惡化。
- 擁有高功能的發展障礙，因此跟周圍的人處不好。

該重視的不是「繭居」本身，而是重視繭居所引發的問題和痛苦，並提供心理支援才是關鍵所在。

發展過程中的問題 10

自殺

日本自殺率奇高，目前每年自殺人數超過三萬，急需處置對策

日本的自殺現狀

全世界每年約有一百萬人自殺，日本占了三萬人左右（二〇一〇年度資料）。其中男性自殺者高於女性，年齡也有逐漸升高的趨勢[*1]。**放眼全世界，日本的自殺率非常高，尤其四、五十歲正值壯年的自殺者特別多**。未成年人占全體的百分之二左右，也有增加的趨勢。有鑑於此，二〇〇六年日本推動了自殺對策基本法[*2]。

自殺有各式各樣的動機，三十歲以前主要是學校和家庭因素；中老年自殺則是負債這一類的社會因素造成。每一個年齡層的自殺者，常與情緒障礙、思覺失調等精神障礙有關。其中**憂鬱症、睡眠障礙、酗酒更是自殺的危險因子**[*3]。

俗話說，喊著要自殺的人不敢自殺，其實**這屬於一種錯誤認知**。談論死亡話題，事先處理身後事，還有自殺未遂都是自殺的警訊。左頁圖示有介紹一些常見的誤解。

預防自殺的照護

臨床心理學的實務活動，把預防自殺視為第一要務。會具體談論自殺方法的案主，實際自殺的風險非常高，這時候就無法顧及保密義務，必須跟案主的家

詳細解說！

*1 未婚人士、離婚人士、新喪配偶者的自殺率，比已經結婚有家室的人高出三倍。另外，自殺未遂多半是女性，孩童和年輕人也不在少數。

*2 所謂的自殺對策基本法，就是規定國家和地方政府有義務提供社會性的防治措施來預防自殺。具體內容有推動自殺的相關研究，進行防止自殺的宣傳活動、教育活動，加強職場、學校、地方的防範體制，加強醫療體制，支援防範自殺的民間團體。

人或學校老師等相關人士商量對策。之後提供有效的介入，讓當事人了解還有自殺以外的解決方法。若確定當事人有精神障礙，照護的焦點就在於治療其障礙。

再者，看到親朋好友自殺，也會提升當事人自殺的風險。近年來有人指出，對這些人提供照護也十分重要。

*3 資料節錄自「預防自殺暨支援自殺者家屬的基礎調查（國立精神暨神經醫療研究中心，二〇一〇年）」。

一般人對自殺的誤解

世人對自殺的看法多半有誤解，以下舉幾個例子。

1 只有少數人考慮過自殺

→ 根據研究指出，有四成到八成的普通人想過要自殺。

2 只有在當事人低潮時才會自殺

→ 自殺多半發生在當事人身心開始恢復的時候。

3 說要自殺的人不會自殺

→ 有四分之三的自殺者生前有對旁人說過自殺的意圖。

4 自殺的人不會表現出自殺的徵兆

→ 考慮自殺的人會突然做出異常之舉，好比把自己重視的東西轉送出去。

5 只有想死的人才會自殺

→ 根據推測，自殺者多半是猶豫該不該自殺的人。

6 以非致命手法嘗試自殺，這種自殺未遂的人不是真的想死

→ 真正想死的人，也有可能是知識不足才沒死成。

臨床心理師的工作案例 3

發展障礙與評估

阿正在小學六年級搬家轉學。因為他有偏食的毛病，營養午餐總是吃不完，也經常被其他同學調侃，阿正會動手毆打調侃他的同學。另外，阿正喜歡坐在教室的最前面，之前的學校也讓阿正挑自己喜歡的位子，所以母親認為新的學校也該接受兒子的要求。不料，班導說阿正太過「任性」，阿正一氣之下把自己關在音樂教室裡。這樣的現象持續了好一段時間。

其他同學看到阿正的行為蠻橫，於是開始聯手欺負他，把他的東西藏起來，或是在他的書桌上寫髒話。最後阿正不願上學，變成了一個繭居族。於是，阿正的班導跑去找學校的心理諮商師商量，那位諮商師有臨床心理師的資格。

心理諮商師先找阿正的母親來，向她打聽阿正的狀況。母親的說法如下。

- 阿正從小就是一個特別的孩子，個性不怕生，也不會黏母親。
- 阿正學說話的速度比較慢，對數字十分講究，可以記下一長串的數字。
- 阿正不擅長團體活動，也不會與人交流，在幼稚園總是一個人玩。
- 阿正很堅持個人癖好，稍微不順他的意，就會陷入慌亂的狀態。

最近，父親認為阿正是偷懶才不上學，還打算強行帶他到學校，結果反而惡化成繭居的狀況。臨床心理師親自到阿正家，跟阿正對談。結果發現他日夜顛倒，食欲也大幅衰退。而且還認為自己很沒用。

本節重點

根據阿正的行為和生育史，可以推斷他有腦部功能的發展障礙。不過，班導和家人沒有發展障礙的知識，以為阿正純粹是任性、偷懶，把他當成一個心態有問題的小孩。結果，阿正產生了二次障礙，開始有自我否定和抑鬱的情緒。這也連帶引發生活機能障礙，讓他再也不願去上學。

所以，表面上受到霸凌不願上學的孩子，實際上可能是受到發展障礙的影響。旁人的反應也是一大環境因素，也許會導致情況惡化。在處理類似案例的時候，沒有發展障礙的相關知識是很難解決問題的。

PART

4

精神障礙與臨床心理學

——關於異常心理學

解說異常心理學和臨床心理學的關聯。

主題

- 異常心理學的基礎知識
- 精神障礙的判斷基準與介入
- 各種精神障礙的特徵

異常心理學的基礎 1

何謂異常心理學

研究心理異常的心理學分野，評估時需要異常心理學的專業知識

異常心理學的地位

臨床心理學在進行實務活動時，會以評估（➡P46）手段探究心理問題的成因，再提出解決問題的假設，根據結論施以介入（➡P168）。「異常心理學」則是參考的依據。這一門學問跟臨床心理學、發展心理學一樣，**都是心理學的其中一個分野。沒有異常心理學的知識，難以做出有效的評估。**

異常心理學主要探討心理的異常，研究主題涵蓋心理異常的性質、成因、症狀。除此之外，這門學問還有研究如何斷定心理異常，並依照判斷基準，開發評估和研究方法，探討心理因素導致異常行為的理論[*1]。

正常與異常的標準

判斷心態是否正常的標準並不少，其中有四大主要標準，分別是**適應標準、價值標準、統計標準、病理標準**。

臨床心理學看重的是，心理異常的當事人究竟如何生活，以及如何提供支援。因此，要檢討的不只是病理標準，適應標準和價值標準也是生活的重要元素，也有檢討的必要。

心理異常多半跟當事人的發展經歷、人際關係、社會互動有關。因此，在判

詳細解說！

*1 臨床心理學有各種理論，包括案主中心治療（➡P170）、精神分析（➡P174）、分析心理學（➡P178）。這些理論都有考察心理問題發生的原因。比方說，案主中心治療的觀點認為，當案主持續面對無法認同、無法接受的體驗時，就會產生各種心理問題。

斷當事人是否正常時，還要考慮到發展過程，以及當事人跟社會系統的聯繫。

評估時判斷正常與否的標準

下列四大基準的相關資訊，可以用來判斷案主的心理狀態，擬定一套假設來解決問題。

❶ 適應標準（適應或不適應）

適應社會者屬於正常，無法順利過上社會生活則屬於異常。

具體標準

- 社會判斷：由第三者判斷當事人有沒有發揮社會功能。
- 主觀判斷：本人判斷自己有沒有發揮社會功能。

❷ 價值標準（合乎規範或不合乎規範）

行為遵循道德或法律等規範屬於正常，超出規範則屬於異常。

具體標準

- 生活判斷：根據道德觀或社會共識等規範來進行判斷。
- 邏輯判斷：根據法律的規範來進行判斷。

❸ 統計學判斷（平均或偏離）

在團體中接近一般狀態屬於正常，偏離一般狀態則屬於異常。

具體標準

- 利用測驗方法蒐集大量資料，並將資料數據化。再用統計手法訂立一套標準，來進行判斷。

❹ 病理標準（健康或生病）

依照病理學的見解來評估當事人，判斷健康屬於正常，判斷患有疾病則屬於異常。

- 根據精神病理學佐證的診斷分類來進行專業判斷。

異常心理學的基礎 2

心理功能的障礙（精神症狀）

過去是用「原因」來區分精神障礙，現在則是用「症狀」來區分

診斷的變遷

過去的人相信，一個人行為癲狂是被惡魔控制心智的關係。一直到十九世紀後期，**德國醫學家克雷佩林把癲狂視為一種「精神疾患」**，並假設精神疾患和生理疾患一樣，都有一定的原因、症狀、發病經過。

另外，克雷佩林也提出了有系統的分類方式。他把精神疾患分為三大類，分別是**生理導致的外因性精神疾患**，還有**遺傳導致的內因性精神疾患**，以及**心理導致的心因性精神疾患**。這些分類以病因為判斷基準，稱為病因式分類。

可是，現在仍有很多心理異常無法斷定為生理因素，大都也無法靠驗血或掃描之類的檢查來找出問題，而是要觀察案主的言行和表情。因此，目前普遍是以症狀來區分，而不問病因，這也就是所謂的症狀式分類[*1]。

症狀分類

人心有各種功能，這些功能無法正常發揮作用，就會出現異常症狀。

左頁有介紹異常心理學提到的基本心理功能，以及功能障礙所導致的精神症狀。

詳細解說！

*1 學界開始以症狀來做區分基準後，就不用「精神疾患」一詞了，因為這個詞聽起來接近病因論。現在多半使用「精神障礙」。（※台灣目前仍多通用如「精神疾病」、「心理疾病」等用詞。）

心理功能障礙（精神症狀）的主要類別

❶ 知覺異常

感受、視覺、聽覺不合乎現實，好比產生錯覺、幻覺、幻聽、幻味、幻觸等等。

❷ 思考異常

思慮紛亂，言論缺乏脈絡，有強迫意念〔➡P140〕，難以控制恐懼或不安，或是有妄想。

❸ 記憶異常

有意識障礙、智能下降等問題。失去一部分或全部的記憶（健忘）。

❹ 智能異常

先天或早發的後天障礙造成智能發展遲緩（精神發育遲滯），或腦功能障礙導致智能下降（癡呆）。

❺ 自我異常

認為自己的行為被其他人操弄，連想法都被他人洞悉。同一個人會產生其他人格（多重人格），難以感受到自我的存在（人格解體）。

❻ 感情異常

情緒起伏劇烈，時而抑鬱、時而亢奮。有莫名的不安，或缺乏喜怒哀樂，對周遭的人事物不感興趣。

❼ 驅力、行為異常

活動力、性欲、意識衰退，有厭食或暴食問題。缺乏活力，茫然自失。

精神障礙的診斷分類

美國精神醫學會的「DSM」是世界通用的精神障礙診斷基準

分類的必要性

在臨床心理學的領域中，正確區分異常行為和精神障礙是至關重要的。比方說，某個研究團體針對特定症狀，發現了有效的介入方法；萬一該團體對症狀的分類方法，與其他研究者的定義不一樣，那麼有效的方法就無法被其他人運用。

至今學界做過各種嘗試，來區分異常行為和精神障礙。**世界衛生組織（WHO）在一九四八年發表了「國際疾病分類標準（ICD）」**，歸納各種死因和疾病，當中也包含了異常行為。最新版的稱為「ICD 11」[*1]。

世界通用的診斷標準

除了世界衛生組織的ICD，**美國精神醫學會的精神障礙診斷基準稱為「DSM」**[*2]。這是全球通用的一套標準，主要以病理標準（➡P123）來判斷心理異常，是研究異常心理學不可或缺的標準。

這套標準過去也是用病因來分類，直到一九八〇年公布的「DSM-III」，才改用症狀來做區分。二〇〇〇年公布的「DSM-IV-TR」，採用左頁的多軸分類方式，會從五個不同的層面來

詳細解說！

*1 ICD 11初版已於二〇一九年推出。

*2 原文Diagnostic and Statistical Manual of Mental Disorders，簡稱DSM，翻譯為「精神疾病診斷與統計手冊」。最新版「DSM-V（第五版）」已於二〇一三年推出，「DSM-V-TR」（文字修訂版）也於二〇二二年推出。

判斷同一案主的症狀。換句話說，現在必須蒐集障礙的相關資訊，深入了解案主的問題才行。

DSM的分類

何謂DSM…

美國精神醫學會提出的精神障礙分類標準，採用症狀來區分精神障礙，主要以下列五個層面來測試案主的狀況，並進行區分。

第一軸精神障礙（第二軸除外）

人格違常〔➡P152〕和智能障礙〔➡P100〕以外的精神障礙皆屬此類。主要用面談或問卷來做評估。

第二軸人格違常和智能障礙

評估人格違常和智能障礙。

第三軸一般身體疾患

評估可能會導致精神障礙的一般身體疾患。

第四軸社會心理問題或壓力

評估家庭關係、社會生活、行為特徵、壓力。

第五軸評斷整體功能

評估過去一年來的社會適應狀況。

精神障礙的介入

精神醫學和臨床心理學聯手，提供精神障礙的治療與輔助

精神醫學的治療

精神醫學是靠醫學檢驗和問診的方式，來查明精神障礙的症狀，做出精確的診斷。**通常是透過藥物來進行治療，或是用藥物來緩和症狀**。從「生物—心理—社會模式（⬇P36）」來看，精神醫學是從生物學的角度來治療精神障礙。

為此，各種精神醫學的論述，還有診斷知識、治療知識、藥理學知識是不可或缺的，例如看重生物學層面的精神醫學、臨床精神醫學、社會精神醫學等等。

臨床心理學的介入

對於精神障礙，**臨床心理學的目標，是提供精神障礙者生活上的輔助**，會採用**心理治療來進行介入**，好比矯正認知偏誤的認知行為治療（⬇P184），還有探究潛意識的精神分析（⬇P174）等等。

另外，對當事人的家人也會進行心理衛教（⬇P232），讓他們深入了解精神障礙的相關知識。也就是提供支援，而能夠坦然面對精神障礙。從「生物—心理—社會模式」來看，臨床心理學是從心理的角度提供治療，幫助患者[*1]減輕生活上的負擔，學習與障礙共存。

精神醫學和臨床心理學的專家會互相合作（⬇P42），精神醫學主要提供藥物

詳細解說！

*1 精神障礙是依照精神醫學進行診斷和治療，因此稱為患者，而非案主。

治療，臨床心理學則是提供多元的生活支援。

時至今日，醫生、臨床心理師、護理師、社福人員等專業人士，也必須攜手解決問題。不同的專家攜手合作，以美國精神醫學會的DSM來作為共同標準。

精神醫學和臨床心理學的差別

當事人產生有問題的行為，被斷定有精神障礙的時候，精神醫學和臨床心理學會各自採取下列應對措施。

有問題的行為

反覆確認門窗有沒有關好，類似的強迫行為對生活造成影響

↓

診斷為強迫症

臨床心理學…

- 對本人進行認知行為治療
- 對家庭進行家庭治療
- 和醫生共組支援互助網

提供多元的心理支援

精神醫學…

用藥物療法緩和症狀

同時進行精神醫學和臨床心理學的照護。

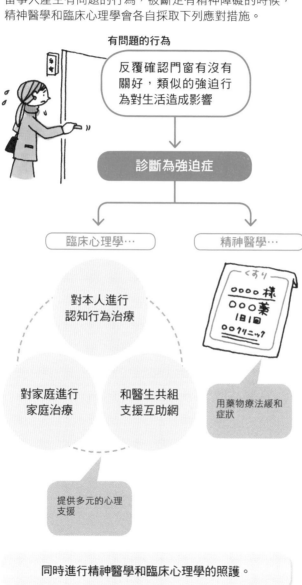

異常心理學的基礎 5

精神障礙與藥物治療

患有精神障礙，要使用心理介入和藥物治療

藥物治療的三大目的

使用藥物治療精神障礙，主要有以下三個目的。**第一，減輕患者的症狀，緩和患者在生活上的困難和痛苦。第二，強化患者的身心狀態，提高自癒能力。第三，防止復發。**

大多數精神障礙的患者，在接受心理介入之餘，也會同時接受藥物治療。臨床心理師不負責開立處方，但也要具備藥物治療的知識。

精神藥物

大腦的中樞神經系統掌管人類的精神活動，有的藥物會直接影響中樞神經系統，對人類的精神和心理狀態產生作用，這些藥物稱為**「精神藥物」**[*1]。精神藥物有分「致幻劑」和「精神治療藥」，多數致幻劑在日本屬於違法藥物，所以通常只開立精神治療藥。精神治療藥又有分抗鬱劑、抗焦慮劑、安眠藥、抗精神病劑、情緒穩定劑等等。

藥物是根據症狀開立處方，而非根據病名開立處方。比方說，抗憂鬱劑不只會用在憂鬱症（⬇P160）患者身上，也會用在焦慮症（⬇P132）患者身上。

藥物有主要作用和副作用，精神藥物就算長期服用，相對來說也比較安全，

順便了解一下！

腦內的神經傳導物質

*1 與中樞神經系統相關的神經物質，主要有以下幾大類，多用於精神藥物中。

①GABA：有消除不安和焦躁的作用，以及抑制癲癇等作用。

②血清素：血清素與情緒息息相關，憂鬱症患者的腦中血清素較少。

③正腎上腺素：正腎上腺素與焦慮或幹勁息息相關，焦慮的症狀轉強，正腎上腺素的效用也會變強。

但還是要做定期檢查。有些患者擔心藥物成癮，其實這樣的憂慮多半來自於誤會。只要有正確的用藥知識，並接受醫生的診察，服用藥物是沒問題的，這一點醫生必須跟患者說清楚。另外，事先告知藥物副作用也很重要，這樣可以避免患者自行斷藥，也不會導致症狀惡化。

④多巴胺：多巴胺與情緒、動機、幻覺、妄想息息相關。適度發揮多巴胺的作用，可以活得愉快自在。

精神障礙處方藥的類別

相關藥物是依照症狀用藥，而非依照病名用藥。

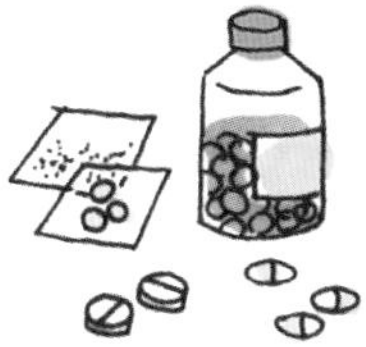

精神藥物

→ 致幻劑

在日本大都為違法藥物。

→ 精神治療藥物

- **抗鬱劑**
  緩和抑鬱、焦慮、焦躁等症狀，也用來緩和焦慮症或飲食障礙〔➡P148〕。

- **抗焦慮劑**
  緩和緊張與焦慮，有鎮靜、助眠、肌肉鬆弛、抗痙攣、調整自律神經等作用。多用於焦慮症和其他疾病。

- **安眠藥**
  增進睡意、維持睡眠，用來緩解失眠症狀。

- **抗精神病劑**
  改善幻覺、妄想等狀況，用來治療思覺失調症〔➡P164〕等疾病。

- **情緒穩定劑**
  有抗躁效果，用來預防躁鬱症（雙極性疾患）〔➡P162〕。

精神障礙的分類 1

焦慮症①——這是一種什麼障礙

症狀以「焦慮」為主，是異常心理學最常處理的精神障礙

細分精神官能症

過去佛洛伊德把所有焦慮的問題統稱為「精神官能症」。不過，相關研究日新月異，被統稱為精神官能症的障礙，其實都有不同的病理。因此，DSM-III以後不再使用精神官能症的概念，而是分為焦慮症、身體型疾患（⬇P144）、解離症（⬇P146）、情感疾患（⬇P160）。

其中**「焦慮症」的主要症狀正是焦慮感**。

在目前的DSM-IV-TR定義中，焦慮症還有分**恐慌症**（⬇P134）、**廣泛性焦慮症**（⬇P136）、**恐懼症**（⬇P138）、**強迫症**（⬇P140）、PTSD（⬇P142）等疾患。

焦慮症的照護

焦慮症的原因尚不明朗，過去認為是心理因素造成。近年來有研究發現，可能是腦功能異常或其他生理因素造成。

過去以精神官能症稱呼焦慮症的時候，主要是用精神分析手段進行介入[*1]。現在基本上是用藥物治療和認知行為治療介入。

認知行為治療還有暴露療法和認知治療，前者是刻意面對恐懼來消除不安的

詳細解說！

*1 過去學界認為，焦慮症是下意識壓抑內心的糾結造成的，只要讓當事人體認到自己的糾結，就可以緩解症狀。因此，過去主要是用精神分析手法來消除抑鬱。

*2 又稱為「選擇性血清素再吸收抑制劑」，焦慮症有併發憂鬱症的傾向。因此會使用SSRI，這種藥物可以改善焦慮和抑鬱症狀。

療法，後者則是矯正造成焦慮的錯誤認知。

藥物治療一般是開立SSRI[*2]這種抗鬱劑。另外，抗焦慮劑服用後有速效性，可以緩解急性的焦慮或恐懼，也會用來緩和緊張。

焦慮症的心理支援

焦慮症的照護主要有藥物治療和心理治療。臨床心理師會透過下列的認知行為治療和認知治療，來提供心理支援。

以暴露療法介入

〔➡P216〕

「焦慮」以及「迴避焦慮的行為」是錯誤的學習結果，為後天養成。

↓

為了消除「焦慮」以及「迴避焦慮的行為」，會使用暴露療法，讓當事人刻意面對恐懼的對象。

以認知治療介入

〔➡P184〕

過於負面的觀點（認知傾向）是造成焦慮的原因。

↓

為了修正過於負面的觀點，會使用認知治療當中的自我觀察介入技巧，以及認知重建等手段。

錯誤的學習結果和過於負面的觀點，都有可能造成焦慮症狀。因此，消除原因或修正認知傾向是有效的做法。

焦慮症②——恐慌症

突然感到沒來由的恐慌為主要症狀，近年來有增加的趨勢

恐慌突然發作

「恐慌症」是一種恐慌發作的焦慮症。所謂的恐慌發作，意思是從內科角度看身體沒有異常，但有各種突發性的反應，好比心悸、窒息感、盜汗、暈眩、怕死的恐懼感等等。

每一百人中有二到四人患有恐慌症，女性發作比率較高，經調查發現大約是男性的兩倍[*1]。

恐慌症的特徵

是否有非預期的恐慌症狀發作，是恐慌症的診斷基準。恐慌會毫無理由突然發作，發作幾次以後，**當事人擔心未來再次發作，這種「預期不安」會越來越強烈**。漸漸地，當事人會害怕自己發作時得不到幫助，或是處在無法得到幫助的場所。

最後，乾脆不願前往人多的地方，也不願搭乘大眾運輸工具，對日常生活也造成影響。這些症狀稱為**「懼曠症（或稱廣場恐懼症）」**，有半數恐慌症患者都有類似症狀。

恐慌症的介入目標，在於消除當事人的預期不安，以及迴避恐慌的行為。具體來說，主要是用暴露療法，讓當事人刻意面對恐懼對象，來消除恐懼的感

詳細解說！

*1 綜觀恐慌症患者的年齡分布，十八歲到六十歲的數量都差不多，六十歲以上有減少的趨勢。

*2 現在已經證實，焦慮症和腦部功能障礙有關（⇒P132）。

※初次恐慌發作者時常會求助於急診，但檢查之後卻發現身體沒狀況，因而輾轉被轉介到精神科，才知道這是恐慌症。

覺。另外還要告訴當事人和其家人，恐慌症是一種關係到焦慮和恐懼的腦功能障礙[*2]，並非性格或心理作用，恐慌發作不會危及性命，靠藥物和精神療法可有效治療。

恐慌症的特徵

- 每一百人中有二到四人患有恐慌症。
- 女性比例較高（發病機率是男性的兩倍）。
- 主要症狀：突發性的恐慌。

恐慌症的症狀

1 產生下列的恐慌症狀

其他
- 不安
- 怕死的恐懼感

↓

2 產生預期不安

擔心再次發作。

↓

3 產生懼曠症

害怕得不到幫助，因此不敢外出搭乘大眾運輸工具，也不敢到人多的地方。

↓

4 影響到日常生活或社會生活

患有恐慌症的人，恐慌症狀會反覆發作。發作幾次以後，當事人會產生預期不安，害怕恐慌再次發作。同時，因為擔心發作時得不到幫助，所以不敢前往人多的地方，也不敢搭乘大眾運輸工具（懼曠症）。最後，難以過上正常的社會生活。

精神障礙的分類 3

焦慮症③——廣泛性焦慮症（GAD）

產生沒來由的焦慮和緊張

長期忍受過度的焦慮

焦慮是一種捉摸不定的恐懼情緒，每個人都體驗過，通常過了一段時間就會消失。不過**患有「廣泛性焦慮症（GAD）」的人，對日常生活中的大小事都有過度的焦慮，而且是毫無來由的焦慮，持續的時間很長，對日常生活也造成影響**。最糟糕的是，這種焦慮的感覺無法控制。有廣泛性焦慮的人，對很多事情都會感到焦慮，好比職場、學校、家庭生活，還有天災和國外的戰爭等等。

每一百人中有三到八人患有GAD，比例不算太低。據說，女性發病率比較高，經調查發現大約是男性的兩倍。

GAD的主要症狀

強烈的焦慮會影響生理和精神狀態，並產生明顯的症狀。生理症狀有容易疲勞、肌肉緊繃、肩頸僵硬、頭痛、發抖、心悸、呼吸困難、暈眩、頻尿、腹瀉、睡眠障礙等等。精神症狀則有暴躁、慢性焦慮、敏感、過度緊張、躁動、缺乏專注力等等。

治療GAD的方法，主要是消除「慢性焦慮」和「過度緊張」這兩大問題。首先，用藥物減輕焦慮[*1]，再透過認知

順便了解一下！

廣泛性焦慮症（GAD）的藥物治療

*1 多半使用「苯二氮平類」或「坦度螺酮」等抗焦慮劑治療。苯二氮平類有容易成癮的特性，因此只用最低限度的劑量，不能跟酒精一起攝取。當事人若還患有憂鬱症，則會使用抗鬱劑。

廣泛性焦慮症（GAD）的特徵

- 每一百人中有三到八人患有恐慌症
- 女性比例較高（發病機率是男性的兩倍）
- 主要症狀：過度的焦慮、憂慮、緊張

生理症狀

容易疲勞
暈眩
暈
睡不著
睡眠障礙

精神症狀

暴躁
火大
慌張
慢性焦慮、緊張感

行為治療，矯正會引起焦慮的錯誤認知。之後，訓練當事人控制自身的焦慮。另外，深呼吸或放鬆肌肉的方法有助於緩

和過度緊張。

焦慮症④——恐懼症

對於不恐怖的對象或狀況有過度的恐懼感

害怕特定的狀況

所謂的**「恐懼症」，意思是過度害怕某種特定的刺激或狀況，並且試圖迴避恐懼的一種焦慮症**。一旦直接面對恐懼的刺激，就會引發焦慮反應[*1]，產生恐慌的症狀（➡P134）。

恐懼症的主要症狀

根據DSM-Ⅳ-TR的定義，依照不同的恐懼對象，恐懼症主要分為三大類，誠如左頁圖示。分別是**「特定恐懼症」**、**「懼曠症」**、**「社交恐懼症」**。

特定恐懼症主要是對下列幾項因素感到恐懼。第一，害怕蛇這類的動物。第二，害怕暴風雨、雷電、高處等自然環境。第三，害怕血液、打針、外傷。第四，害怕封閉場所或高處等狀況。第五，其他。

懼曠症則是對某些特定情境感到恐懼，例如無處可逃的環境，或是在人群中得不到幫助的情境。若有併發恐慌症，則會害怕在發作時得不到協助，而不願意外出。

社交恐懼症又稱為「對人恐懼症」，主要害怕跟其他人接觸的場面。

對於特定恐懼症和懼曠症，在介入時會採取暴露法，讓當事人刻意面對恐懼，來消除恐懼的感覺。社交恐懼症主要是用認知行為治療，修正當事人的認知。

詳細解說！

*1 所謂的焦慮反應，是指焦慮產生的緊張、盜汗、顫抖、暈眩，並且持續六個月以上的慢性症狀。

恐懼症的特徵

- 每十人中有一人患有恐懼症
- 女性比例較高（發病機率是男性的兩倍）
- 主要症狀：焦慮反應、恐慌症狀

三大恐懼

特定恐懼症

1. 動物型（害怕特定的動物或昆蟲）。
2. 自然環境型（害怕暴風雨、雷電、高處、水）。
3. 血液、打針、外傷型（害怕看到鮮血或打針的場面）。
4. 情境型（害怕密閉空間、高處、人潮、飛行等特定的情境）。
5. 其他型（前四項以外的恐懼）。

社交恐懼症

又稱「對人恐懼症」，害怕被陌生的人群注視，害怕在人群中被迫做某些事情。主要有視線恐懼、面紅耳赤恐懼、表情恐懼、演說恐懼等等。

懼曠症

又稱「外出恐懼症或廣場恐懼症」，害怕獨自前往人多的地方，不敢搭乘大眾運輸工具，極力避免外出。若有併發恐慌，則會擔憂無法求助的狀況。

精神障礙的分類

5

焦慮症⑤——強迫症（OCD）

具有強迫意念和強迫行為症狀的障礙

強迫意念和強迫行為

所謂的「強迫症（OCD）」，是指有「強迫意念」和「強迫行為」這兩種症狀的焦慮症。

強迫意念是指某種思緒、印象、衝動不斷浮上心頭，導致強烈的焦慮和痛苦。就算知道那是不可能發生的事情，也無法靠自己的意志力去壓抑或忽略。這種症狀的特徵已經超出了「過度擔憂」的範疇。

強迫行為則是為了消除強迫意念造成的焦慮和痛苦，而反覆進行的某些行為，這又稱為儀式性活動。

OCD的主要症狀

強迫意念的內容因人而異，常見的有骯髒恐懼和加害恐懼，前者可能害怕黴菌或病菌造成汙染，後者則害怕自己有誤傷他人的風險。這些強迫意念會害當事人不斷洗手，或是做出躲避人群的行為。

做出強迫行為以後，如果焦慮和痛苦暫時消失，那強迫行為也會暫時停止。不過，一旦強迫意念再次產生，又會開始進行強迫行為。**有些人一整天的時間都用來做強迫行為，根本無法過上日常生活，更遑論社會生活了。**這對當事人

順便了解一下！

暴露反應預防

*1 讓當事人處在容易出現強迫症狀的情境下（暴露法），並禁止做出強迫行為來消除焦慮（反應預防），使當事人習慣那些會引起焦慮的刺激。持續處在焦慮的環境中，慢慢體驗焦慮消失的感覺，這也是一種暴露法。

是一大痛苦，也容易罹患憂鬱症。
治療主要是用SSRI（⬇P133）投藥，同時施以心理治療。強迫意念就用認知治療矯正錯誤認知，強迫行為則用暴露反應預防[*1]，這兩者都是有效的手段。

強迫症（OCD）的特徵

- 每一百人中有一到二人患有恐懼症。
- 男女比例差不多。
- 主要症狀：強迫意念造成的持續性強迫行為。

強迫意念和強迫行為

① 發生強迫意念

某種思緒、印象、衝動不斷浮上心頭。

例
- 害怕身上有髒汙。
- 害怕瓦斯爐沒關好。
- 害怕門窗沒關好。
- 害怕自己做出暴力行為。

產生強烈的焦慮

↓

② 做出強迫行為（儀式性活動）

為了緩和焦慮和痛苦，不斷重複某些行為。

例

●不斷洗手。

●不斷確認門窗有無關好。

●物品一定要按順序擺好。

焦慮暫時消除

↓

③ 強迫意念再次發生

重複①和②。

精神障礙的分類 6

焦慮症⑥——PTSD（創傷後壓力症候群）

暴露在生命威脅的壓力中所產生的一種精神障礙

心靈創傷引起發作

「PTSD（創傷後壓力症候群）」是指一個人遭逢攻擊、意外、天災，生理和精神受到強烈打擊，導致心靈受創（心靈創傷），持續害怕那種受傷的經驗。這種經驗又稱為「心靈創傷體驗」，近年來日本的地震受災戶，還有犯罪被害人和目擊者，也有產生類似的症狀，因而受到廣泛的矚目。

PTSD的主要症狀

PTSD的主要症狀有**「迴避」**、**「侵入」**、**「過度敏感」這三種**。迴避是指避開心靈創傷的原因，或是相關的事物。感情和感覺麻木也包含在內。侵入則是創傷體驗突然侵入思緒（瞬間重歷其境），或是噩夢重現。過度敏感則是對聲音、刺激過於敏感，引發專注力下滑或失眠等症狀。

這些症狀在經歷心靈創傷體驗的四週內發生，會被診斷為ASD（急性壓力症）。持續四週以上就是PTSD。

介入主要是用暴露法，讓當事人刻意面對恐懼。或者使用EMDR[*1]，這是一套使用眼球運動的方法。

PTSD患者當中，有人對自己受害一事感到自責，這也是被害以後所產生

順便了解一下！

EMDR

*1 一種使用眼球運動的新技法，當事人必須用眼睛追蹤兩根移動的手指，同時回想過去的創傷體驗。意識要集中在當下的身心反應上，如果不快的感受減輕，就可以置換成正面的意象，藉此來克服心靈創傷。

的一種反應。另外，身旁的親朋好友不小心說錯話，也可能會造成二次傷害。在提供支援的時候，必須好好了解患者

的狀況。

PTSD（創傷後壓力症候群）的特徵

- 日本九〇年代發生地下鐵毒氣攻擊事件，以及阪神大地震。之後，PTSD的問題開始受到廣泛的矚目。
- 主要症狀：「迴避」是指麻木自身感情。「侵入」則是創傷體驗以噩夢或瞬間重歷其境的方式重現。「過度敏感」則是對聲音或刺激太敏感，導致專注力下滑或失眠。

PTSD 發作

1 遭受過於震撼的體驗（心靈創傷體驗）

- 天災

- 意外

- 犯罪

- 戰爭

↓

2 強大的衝擊造成心靈創傷，引發 PTSD

會把自己關在家裡，以免遇到類似的場景或狀況，想起以前的痛苦回憶。

對聲音或刺激過於敏感，導致專注力下滑或失眠。

心靈創傷體驗不斷入侵思緒，自己完全無法控制。

精神障礙的分類
7

身體型疾患

有疼痛、反胃等症狀，但找不到生理病因的精神障礙

過去的轉化症

所謂的「身體型疾患」就是有生理上的症狀，但醫學檢查找不出病因，無法從生理疾患的角度來說明。過去屬於精神官能症的「轉化性歇斯底里[*1]」，但在DSM-III以後，再也沒有歇斯底里的概念，因此改為身體型疾患。

身體型疾患的症狀

身體型疾患有分五種類型，分別是**「身體症狀障礙症」**、**「功能性神經症狀障礙症」**、**「疼痛疾患」**、**「罹病焦慮症」**、**「醜身體畸形恐懼症」**。無論是哪一種，其症狀都無法找出生理病因，而當事人又無法接受這個事實，經常前往不同醫療機構求診。

誠如左圖所示，這五種類型的症狀各不相同，但可能都和「焦慮」脫不了關係。背後的原因可能是心理因素。

心理介入在治療身體型疾患時，有重要的作用。不過，當事人相信自己的痛苦是生理問題造成，使用心理介入也有諸多困難。首先提供支援的一方要明白，對當事人來說，那些症狀是實際存在的，要顧慮到當事人的自尊心。身體症狀障礙症和罹病焦慮症就用認知行為治療，疼痛疾患則用精神分析的手法或放鬆

順便了解一下！

轉化性歇斯底里

*1 過去，轉化性歇斯底里是指症狀以生理問題呈現，而不是以「焦慮」和「恐懼」的形式呈現。

法。

這種精神障礙缺乏有效的藥物治療，因為容易併發抑鬱症狀或焦慮症，有時候會使用精神藥物。

身體型疾患的分類

主要有五種障礙。

❶ 身體症狀障礙症

各種生理症狀持續好幾年，症狀主要有頭痛、腰痛、腹痛、盜汗、疲勞、過敏等等，女性的發病率約為男性的二十倍。

❷ 功能性神經症狀障礙症

明明沒有生理病因，卻失去視力、聲音、知覺，或是皮膚麻癢、無法站立行走等等。女性的發病率約為男性的兩倍

❸ 疼痛疾患

明明沒有醫學上的病因，卻不斷表示自己有疼痛感。通常這樣做都有某些好處（例如旁人會溫柔相待，可以逃避困難等等），男女發病率差不多。

❹ 罹病焦慮症

害怕或擔心罹患重大疾病，身體稍有不適也非常在意。這樣的狀況持續六個月以上，就算是罹病焦慮症。在得到滿意的診斷之前，會不斷造訪醫療機構。男女發病率差不多。

❺ 身體畸形恐懼症

認為自己的容貌有缺陷，因此變得抑鬱，不敢與人接觸。就算重複整型也無法消除這種煩惱，患者多為青年期到成人初期，男女發病率差不多。

解離症

「解離狀態」為主要症狀，會不曉得自己是誰

過去的解離性歇斯底里

所謂的「解離」是指當事人的記憶、思緒、感情，產生全部或部分的缺失。換句話說，就是喪失自我認知的感覺。

「解離症」的主要症狀是解離狀態，過去被當成「解離性歇斯底里[*1]」，但在DSM-III以後就修正了。

發作的原因和照護方式

誠如左圖，解離症有分以下四大類型，分別是**「解離性失憶症」**、**「解離性漫遊症」**、**「解離性身分疾患」**、**「自我感喪失疾患」**。

據說，這種精神障礙發病的原因，有很高的機率都跟心靈創傷體驗有關（⬇P142）。解離狀態本來就是處理心靈創傷的一種自我防衛反應，是正常的心理作用。只不過長期持續下去，就會轉變為病症。

這種精神障礙跟身體型疾患（⬇P144）一樣，缺乏有效的藥物治療手段。心理介入有其重要的作用。

過去學界認為，這是當事人無意間壓抑焦慮和糾葛，才會產生的精神障礙，介入主要採用精神分析手法。可是，目前沒有經過驗證的有效介入法，只好多方嘗試。

順便了解一下！

*1 過去認為這是女性特有的心理疾患，現在發現這種精神障礙男女皆有。

另外，解離症經常被認為是演出來的，而且得不到旁人的諒解。很多情況下，當事人也不了解這種精神障礙。因此，必須提供心理衛教，讓當事人和其家屬了解這種障礙。

解離症的分類

解離症有分以下四大類型。

1 解離性失憶症

情緒上的衝擊導致失憶的狀況，有的情況是忘記一定期間內的記憶，也有徹底遺忘過去記憶的情形。記憶最後多半都會恢復，在解離症中是最常見的類型。

2 解離性漫遊症

突然逃離工作或家庭四處放蕩，失去自己過去的記憶。

3 解離性身分疾患

又稱多重人格違常，一個人心中有複數的個別人格。每個人格都有不一樣的個性、感情、行為，多半發生在女性身上，發病多為青年期的早期階段。

4 自我感喪失疾患

感覺自己的意識脫離身體，以旁觀者的角度看待自己。自己的聲音聽起來感覺很奇妙，對身體的大小也不太適應。沒有記憶上的障礙，發病多為青年期的階段。

解離症的原因多半跟心靈創傷體驗有關。「解離」狀態本來就是處理心靈創傷的一種自我防衛反應，是正常的心理作用。只不過長期持續下去，就會轉變為病症。

精神障礙的分類
9

飲食障礙

害怕體重增加，不斷進行嚴格飲食控管的一種精神障礙

飲食出問題的障礙

所謂的「飲食障礙」是指反覆進行極端的飲食限制，或是暴飲暴食後再催吐的一種精神障礙。症狀的程度因人而異，共通點都是害怕體重增加。

飲食障礙有分**心因性厭食症和心因性暴食症**[*1]。常見於青春期或青年期的女性，成年人或男性也不罕見。

飲食障礙的原因和照護

飲食障礙會導致身心疲勞，甚至有致死的危險。尤其心因性厭食症的患者營養不良，容易產生其他嚴重的併發症。另外，不論是哪一類的飲食障礙，也容易併發酗酒、藥物成癮、抑鬱、人格違常等問題，自殘和自殺等衝動行為也會變多，而且可能會有偷竊、沉溺於性行為的情況。

這種精神障礙牽涉到許多錯綜複雜的因素，現代人認為苗條才是美麗的標準，這種社會和文化因素的影響也很大。至於心理上的因素，跟家庭環境有很深的關係。例如父母的關係不好、缺乏父母的關愛、承受父母過度的期待、父母的教養方式有問題，都有可能導致發病[*2]。從認知行為理論的見解來看，主要跟害怕肥胖或錯誤的身體意象有關係。此外，遺傳等生物學的因素也有影響。

順便了解一下！

狂食症

*1 近年來，還多了一種概念叫「狂食症」，狂食症並沒有吐出食物的行為。所謂的狂食症，就是在一定的時間內（DSM的基準是兩小時），吃下高於平均量的食物。當事人也察覺自己的食欲不受控制。

詳細解說！

*2 知名的飲食障礙研究者布魯克，提出的理論主要跟親子問題有關。父母把自己的期望強加在孩子

飲食障礙的患者對體重增加感到非常糾結，所以要推動療程有很大的困難。首先，當事人要有患病的自覺，並且提供心理衛教，深入了解這一種精神障礙。

接下來，介入的目標是利用營養指導、家庭治療（⬇P188）、認知行為治療，讓當事人和其家人養成正確的飲食習慣。

身上，有些孩子會產生挫折感，因此想透過減肥的行為，來獲得擁有主導權的感覺。

飲食障礙的分類

飲食障礙主要分兩種。

① 心因性厭食症

- 一般稱為「厭食症」
- 明明很瘦了，卻希望自己更瘦
- 「限制型」的患者會限制飲食或乾脆絕食，「狂食型／排出型」的則會反覆暴食和排出食物（催吐或使用瀉藥）
- 體重過低容易引起疲勞、無月經等症狀，對身心造成影響，甚至危及性命

② 心因性暴食症

- 一般稱為暴食症
- 對體型或體重的關注很高，但屬於正常範疇
- 反覆暴飲暴食
- 「排出型」會強迫催吐或使用瀉藥，「非排出型」則會絕食或過度運動

精神障礙的分類
10

性障礙

與性方面有關的精神障礙，大致分為三種

三種障礙類型

「性障礙」是指跟性有關的精神障礙，DSM中把這種障礙分為三大類。

第一種是**「性功能不全」**。但凡性欲（對性行為的需求）、性興奮（女性陰道潤滑、男性勃起等徵兆）、性高潮（快感的頂峰狀態）這幾種反應中，只要有一種或同時好幾種出問題，無法按照個人期望性交，就屬於性功能不全。

第二種是**「性倒錯（性癖好異常）」**，好比暴露狂、戀物癖、戀童癖、被虐狂、施虐狂都屬此類。只有在承受極大痛苦，或是做出犯罪行為時，才會被診斷為醫學上的精神障礙。過去同性戀也被當成精神障礙，現在不論醫學或心理學，都沒再把同性戀視為異常或精神障礙了。

第三種是**「性別不安」**，當事人本身生理性別沒問題，但長期以來對異性的性別有很強的認同感，甚至對自己的身體和性別角色感到痛苦[*1]。這跟當事人對哪一邊的性別感到性魅力無關，在日本只要符合條件，即可更改戶籍上的性別[*2]。

性障礙的照護

性功能不全當中的勃起不全，使用習多芬（商品名稱為威而鋼）即可大幅改

順便了解一下！

性別不安者的性別

*1 光使用「男性」或「女性」稱呼，分不清楚是在指生理性別或心理性別。因此，想要以女性身分活下去的生理男性，稱之為Male To Female（MTF），想要以男性身分活下去的生理女性，則稱之為Female To Male（FTM）。這種因認知性別與生理性別上不一致而帶來的「情緒困擾」是臨床關注的重點。

*2 在日本只要動完性別重置手術（變性手術），

善。其他問題主要採用心理治療。

性倒錯的介入方式，主要採用認知行為治療，或是使用抗男性賀爾蒙劑治療，來壓抑當事人的性衝動。

性別不安有分心理上的支援，以及賀爾蒙療法、手術治療這一類的生理治療。心理介入會提供診斷支援、心理照護、判斷支援等等。另外，在某些情況下，臨床心理師也會對當事人的親朋好友，進行專業的說明。

性別不安的特徵

「性別不安」是指對異性的性別有強烈的認同感，對自己的身體和性別角色感到莫大痛苦。

難以適應的身體和性別角色

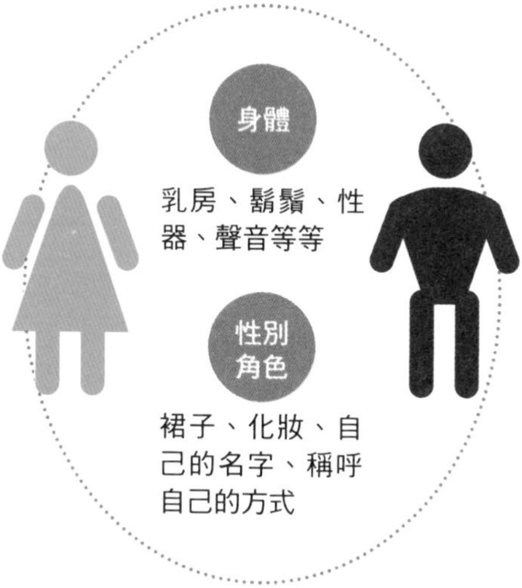
身體
乳房、鬍鬚、性器、聲音等等
性別角色
裙子、化妝、自己的名字、稱呼自己的方式

- 這跟當事人對哪一邊的性別感到性魅力無關
- 有分精神上的治療（精神上的支援、檢討是否出櫃）和生理治療（賀爾蒙療法、手術治療等等）

「出櫃」是指對旁人公布自己有性別不安。事先模擬旁人可能有的反應，探討出櫃的利弊和時機，也是心理支援的一環。

而且年滿二十歲，單身又沒有未成年的小孩，即可變更戶籍性別。台灣則規定需經二位精神科專科醫師評估鑑定之診斷書，及合格醫療機構開具已完成性別重置手術之診斷書，即可變更戶籍性別。

精神障礙的分類 11

人格違常①——這是什麼樣的障礙

人格有顯著偏差，對生活造成影響的精神障礙

只有症狀顯著才會診斷為人格違常

「人格違常」是指思維、感情、行為的模式（人格）有明顯偏差，難以度過社會生活和職業生活的狀態[*1]。

本來人格指的是當事人的性格，有所偏頗也很正常。事實上，人格違常的症狀特徵每個人都有，只是程度有差別而已。不過，當這些特徵以極端的方式呈現，而且長期持續、無法變通，對日常生活造成影響，當事人也感到受極大的困擾，那就會診斷為人格違常。目前尚未釐清人格違常的原因。

患有人格違常的人，症狀有可能和思覺失調症（⬇P164）、情感疾患、焦慮症部分重疊。可是，人格違常屬於一種稱不上正常，卻也稱不上疾病的狀態，跟精神障礙的界定不太一樣。

人格違常的分類與照護

根據DSM-Ⅳ-TR的定義，主要有分十種人格違常，以及無法特定的人格違常。這十種人格違常依照特徵不同，又分「**A群人格違常**」、「**B群人格違常**」、「**C群人格違常**」。

此種疾患主要是利用精神分析或認知行為治療等心理治療，但當事人若有自殘或傷害他人的風險，或是有做出破壞

詳細解說！

*1 過去稱為「人格障礙」，直到二〇〇三年的DSM-Ⅳ-TR日語版，才改為人格違常。

（※台灣精神醫學會仍使用「人格障礙」的說法。且個案要到十八歲以後，臨床上才能做出人格障礙的診斷。）

行為的可能，就需要偕同醫療機構介入了。

當事人表示自己很痛苦的情況下，介入的第一步是透過心理衛教的手法，找出思維、感情、行為模式造成痛苦的原因。改變人格並非治療目的，減輕生活上的困難才是。

人格違常的特徵

何謂人格違常…

思維、感情、行為有明顯的偏差，而且長期持續，難以度過社會生活和職業生活，當事人也感到受極大的困擾。

A群〔➡P154〕
做出奇特、非正常的行為。

B群〔➡P156〕
做出誇張、無厘頭的行為。

C群〔➡P158〕
做出不安、恐慌的行為。

人格違常和精神障礙的關聯

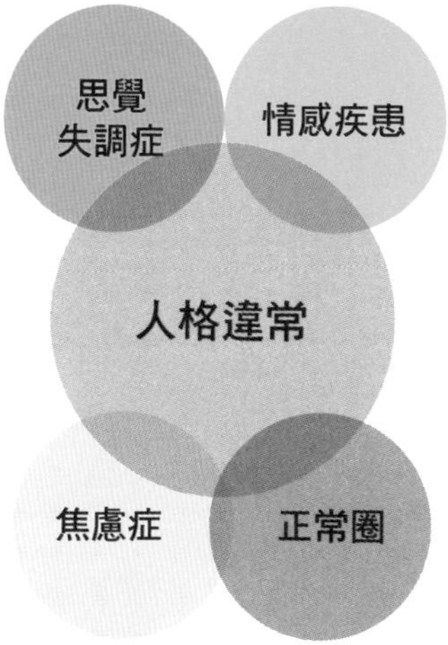

上面是人格違常和精神障礙的關係示意圖，人格違常屬於一種稱不上正常，卻也稱不上疾病的狀態。跟正常狀態還有精神障礙都有互相重疊的部分，因此界定也跟兩者不同，但通常會併發精神障礙。

精神障礙的分類 12

人格違常②——A群

人格違常中，會展現非正常行為的族群

做出奇特、非正常的行為

「A群人格違常」會做出奇特、非正常的行為。而且容易產生妄想、自我封閉的特性。這些症狀和思覺失調的輕度症狀有相似之處。

三大分類與症狀

誠如左頁所示，A群人格違常主要分為三大類。分別是「妄想性人格違常」、「孤僻型人格違常」、「思覺失調型人格違常」。

妄想性人格違常的人深信，自己的權益沒有受到理解和重視，而且會煞有介事地相信一些毫無根據的事情。他們充滿猜忌和疑心，認為周遭的其他人都滿懷惡意。特徵是只要他們覺得旁人在批判自己，就容易動怒。這種人非常善妒，動不動就懷疑配偶或戀人出軌。

孤僻型人格違常的人，對社交關係不感興趣，有喜好孤獨的傾向。感情也缺乏起伏，對任何事都漠不關心。並不是感情遲鈍才不想與人接觸，而是過於敏感才害怕與人接觸。

思覺失調型人格違常的人，喜歡假想世界或非現實的世界，更勝於現實的生活。他們不擅長處理人際關係，交往再久也難以交心。由於思維和言行特立獨

詳細解說！

*1 過去，孤僻型人格違常又稱為「類分裂性人格違常」，思覺失調型人格違常則被稱為「分裂性人格違常」。直到二〇〇二年的日本精神神經學會召開總會，將精神分裂改名為思覺失調，這些名稱才跟著改變。

A群人格違常的分類

主要有以下三種分類。

① 妄想性人格違常

總覺得自己被人欺騙和利用，毫無根據地懷疑朋友和夥伴間的信賴關係，不肯相信其他人。只要他們覺得旁人在批判自己，就容易動怒。

② 孤僻型人格違常

重視孤獨更勝一切，不期望親密的關係，對此也感受不到喜悅。沒有朋友，對其他人的評價或批判漠不關心，感情也缺乏起伏，情感上較為孤立。

③ 思覺失調型人格違常

有極端的猜忌和妄想，以及獨特的信念和奇特的思維，言行也與眾不同。由於行為和外觀異於常人，也沒有親密的朋友。

A群人格違常的特徵在於，奇特和非正常的人格。這些症狀和思覺失調的輕度症狀有相似之處。

行，所以會給人一種古怪的印象。

精神障礙的分類
13

人格違常③——B群

人格違常中，會展現誇張、無厘頭行為的族群

做出誇張、無厘頭的行為

「B群人格違常」會做出誇張、無厘頭的行為，特徵是感情極度混亂，屬於非常情緒化的類型。這些症狀容易造成人際關係的問題。

四大分類與症狀

B群人格違常有包含四大人格違常，分別是「邊緣型人格違常」、「戲劇型人格違常」、「自戀型人格違常」、「反社會型人格違常」。

邊緣型人格違常的人，特徵是感情和人際關係不穩定，容易有衝動的行為。他們非常害怕被旁人拋棄。

關於邊緣型人格違常，過去學界做過許多研究。多數醫生和研究者認為，邊緣型人格違常特有的自我和情緒不安定，跟幼年期的體驗大有關係。可是，跟其他的人格違常一樣，至今還找不出明確的原因，依舊處於研究的階段。

戲劇型人格違常的人，喜歡打扮得花枝招展來吸引旁人目光，日常生活中也會做出演員般的演技。容易受到周遭影響，也是這種人的一大特徵。

自戀型人格違常的人，性格傲慢自大，很在意美貌或地位這一類的自我評價。他們不關心旁人的心情，旁人只是

順便了解一下！

行為規範障礙

*1 會對其他人或動物做出攻擊、破壞的行為，或者反覆欺瞞他人、偷盜物品，違反重大的規定。根據DSM-IV-TR的定義，通常這是在幼兒期、兒童期、青年期就會診斷出來的障礙，屬於「注意力不足暨破壞行為障礙」。

用來達成目標的道具，以及提供自己讚賞的對象。凡事不如己意就會暴跳如雷。

反社會型人格違常的人，會反覆作奸犯科，為人衝動又有反社會傾向，做事不懂得瞻前顧後。判斷條件是年滿十八歲，而且十五歲以前有行為規範障礙[*1]。

B群人格違常的分類

主要有以下四種分類。

❶ 邊緣型人格違常

又稱「邊緣人格」，特徵是情緒不安定，對人際關係反應激烈。對旁人的評價十分極端又善變，會有衝動的行為，好比衝動性的消費和性行為，也有自殺或自殘的行為。

❷ 戲劇型人格違常

非常希望自己受到矚目，有時也會做出性方面的誘惑，情緒表現過於誇張、做作。

❸ 自戀型人格違常

把自己看得太過重要，過度追求旁人的讚賞。十分執著成功、美貌、地位，而且有特權意識，善於利用他人，個性善妒。

❹ 反社會型人格違常

反覆作奸犯科、欺騙他人，充滿躁怒和攻擊性。

B群人格違常的特徵是感情極度混亂，而且非常情緒化。

人格違常④——C群

人格違常中，會因焦慮、恐懼而做出某些行為的族群

出於焦慮和恐懼的行為

「C群人格違常」會因焦慮、恐懼而做出某些行為。特徵是害怕跟別人建立關係，性格十分內向。一部分的症狀跟社交恐懼、依賴性、工作成癮等問題有關，跟日本文化有高度的關聯性[*1]。

三大分類和症狀

C群人格違常主要分為三大類，分別是「迴避型」、「依賴型」、「強迫型」。每一種類型的症狀如下。

迴避型人格違常又稱為「焦慮型人格違常」，是一種容易對自己感到焦慮和緊張的問題。由於太害怕批判和被拒絕，所以有迴避人際關係的傾向。

依賴型人格違常對他人過度依賴，特徵是無法忍受孤獨。行為模式看得出強烈的焦慮和依賴性，沒有旁人幫助就沒信心處理事情，一個人的時候會有很強的無力感。

強迫型人格違常的人做事不知變通，很堅持保有一定的秩序。經常把自己的想法強加在別人身上，難以建立和諧的人際關係。

人格違常多半會併發其他的精神障礙。每一種類型跟不同的精神障礙都有強烈的關聯，好比迴避型人格違常，跟

順便了解一下！

依賴型人格違常跟日本文化的關聯性

*1 依賴型人格違常的特徵是，有尋求旁人保護的強烈需求，但又不想承擔責任。跟現代日本的文化有共通之處。

憂鬱症、恐懼症的社交恐懼有關；依賴型人格違常跟憂鬱症也有強烈的關聯。

在介入時，也必須考慮治療那些精神障礙。

C群人格違常的分類

主要有以下三種分類。

❶ 迴避型人格違常

對自己感到焦慮和緊張，過於害怕批判和被拒絕，因此逃避人際關係。為人自卑，害怕丟臉或被嘲笑。跟親近的對象在一起，也多有顧忌。

❷ 依賴型人格違常

對旁人過度依賴，為人缺乏自信，無法自行做決定。害怕失去支持，不敢反對其他人的意見。一旦失去親密的關係，就會瘋狂尋求新的關係。

❸ 強迫型人格違常

做事不知變通，很堅持保有一定的秩序。寧可犧牲娛樂和交友關係，也要把心力投注在工作上。對道德過於堅持，凡事要求完美，甚至影響到自己達成目的。

不管哪一種類型，特徵都是人格有強烈的焦慮傾向，非常害怕和其他人建立關係。

精神障礙的分類
15

情感疾患①——憂鬱症

屬於一種情感疾患，特徵是情緒極端低落的狀態一直持續

情感疾患的分類

每個人都經歷過情緒起伏，但**程度太嚴重、持續時間太長，甚至產生睡眠障礙等生理症狀的話，就屬於「情感疾患」**。特徵是感情無法發揮正常功能，情感疾患有分為「憂鬱症」和「躁鬱症〔➡P162〕」。

憂鬱症是一種情緒持續低落的疾患，誠如左頁圖示，**某些症狀持續兩個禮拜以上，就會被診斷為憂鬱症**。

憂鬱症的原因和處置

不同學派對憂鬱症成因都有不同的看法，因此介入方法也不盡相同[*1]。

根據精神分析理論，幼年期的需求得不到滿足，會影響當事人罹患憂鬱症的機率。因此對旁人的依賴性極高，就算長大成人後失去心愛的對象，也會埋怨對方拋棄自己。而這分怨懟沒有宣泄出來，就是憂鬱症的原因。介入方法是採用心理治療，讓當事人認清自己對他人有怨，藉此抒發內心自我怨懟的憤怒。

認知治療的學派中，有一個著名的貝克理論認為「憂鬱症源自於思考」。貝克指出，憂鬱症患者在兒童期或青年期，忍受批判、拒絕、失去的體驗，因此對世界抱持否定的觀點。一旦遇到挫折，

順便了解一下！

人際關係論

*1 人際關係論認為，憂鬱症患者在溝通上有某些傾向。例如講話速度過慢、缺乏視線的接觸，而且非常需要安全感。這些行為容易被他人拒絕，因此憂鬱症所導致的言行，同時也是憂鬱症的病因。在介入的時候，焦點要放在改善溝通技巧上。

就容易歸因於自己無能，這便是憂鬱症的成因。介入方法是把案主的思維引導到正面的方向。

使用心理治療介入的同時，也得用抗鬱劑和情緒穩定劑進行藥物治療。不管使用哪一種介入方法，原則上都不該要求當事人「努力」。要先讓當事人休養，延後重大的決定，並請周遭的人注意是否有自殺的傾向。

憂鬱症的症狀

1. 情緒鬱悶難解。
2. 失去喜悅之情，對工作、念書、嗜好完全不感興趣。
3. 沒有食欲、體重減輕，或食欲過剩、體重增加。
4. 睡不好、淺眠，有睡眠困難的問題。或是睡眠時間過長。

5. 焦躁難耐，思考和身體動作遲緩。
6. 幾乎沒有做事，也會覺得全身沉重疲倦。

7. 感覺自己沒有活下去的價值，有自責的傾向。
8. 思緒混亂，連小事都無法做決定。
9. 一直想死、想自殺。

若在兩週內同時出現上述五項或更多症狀，且必須包含①或②其中一項（都有也可以），並造成個案生活功能改變，即不排除可能為憂鬱症（根據DSM－V的標準）。

精神障礙的分類 16

情感疾患②——躁鬱症（雙極性疾患）

反覆處於亢奮和低落狀態的一種疾患

亢奮和憂鬱狀態反覆出現

所謂的「躁鬱症」是一種反覆處於躁動和抑鬱的情感疾患，亢奮狀態稱為「躁期」，誠如左頁圖示，是一種亢奮和易怒的狀態。反之，低落的狀態則稱為「抑鬱期」，跟憂鬱症（⬇P160）有同樣的症狀。

躁期的時候，當事人會做出不切實際的行為，容易傷害旁人，採取魯莽的計畫。抑鬱期則會低落到很想死，跟憂鬱症一樣，並厭惡自己亢奮時的言行，因而倍感痛苦。

據說，每十人就有一人罹患過憂鬱症，但躁鬱症是每一百人才有一人體驗過。憂鬱症遍布老中青各世代，躁鬱症多為十幾到二十歲發病。

躁鬱症的照護

躁鬱症的原因尚未明朗，但可能是腦部或基因這類生物學上的因素，而非壓力造成的心理疾病。

躁鬱症又稱「雙極性疾患」，**因為名稱相似的關係，常跟憂鬱症混為一談。其實這兩種病不一樣**，服用的藥物種類也不同[*1]。不少躁鬱症患者的躁狂症狀較輕，結果被誤診為憂鬱症。通常憂鬱症治療沒效，才會發現原來是躁鬱症。

詳細解說！

*1 躁鬱症會使用「鋰鹽」這類的情緒穩定劑。投藥時，治療抑鬱期的藥物跟治療憂鬱症的藥物不一樣，這一點要特別留意。躁鬱症患者一旦服用抗憂鬱症藥物，反而會產生強烈的焦躁感，導致症狀惡化，這又稱為「活化綜合症」（Activation Syndrome），原因尚不明朗。

除了藥物治療以外，也會使用心理治療。當事人和其家屬必須深入了解疾病，並接受心理衛教，整頓好生活環境，養成用藥的習慣。

躁期的症狀

在情緒狂躁的時期，會出現下列的行為。

1. 情緒極端亢奮，暴躁易怒。

2. 認為自己有特殊能力。

3. 不睡覺也不會累。

4. 講話速度變快。

5. 腦海中浮現各式各樣的創意。

6. 注意力渙散，不易集中。

7. 工作、學習、人際交往之類的活動增加，完全靜不下來。

8. 有浪費行為，做出亂性或沒意義的投資行為。

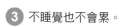

精神障礙的分類
17

思覺失調

過去稱為「精神分裂」，是一種難以穩定情緒和想法的精神疾病

妄想和幻覺為主要症狀

所謂的「思覺失調」是指難以穩定情緒和想法的疾病，被歸類為精神病[*1]。過去在日本稱為**精神分裂**，直到二〇〇二年才改變名稱。

思覺失調的症狀有妄想、幻覺、講話顛三倒四等等。另外，這些症狀又分兩大類，一是引發幻聽和妄想的正性症狀，一是感情僵化造成情緒低落的負性症狀。**幻覺或忘想之類的症狀對當事人來說非常真實，很難發現那是疾病的症狀。**旁人的關懷是早期發現的第一步。

思覺失調發病的原因尚不明朗，當一個人有好幾項容易罹患思覺失調的因子，再碰上日常生活中的壓力，或是結婚找工作這類的緊張事件，就有可能發病[*2]。

思覺失調的照護

思覺失調採用綜合性的治療方式，包括藥物治療、面談、復健等等。臨床心理師、精神科醫師、護理師、公衛護士、心理保健社福人員會組成團隊，一同提供協助。

剛發病會有強烈的妄想和幻覺，這種急性期多半需要住院治療，主要以藥物治療為主。等正性症狀減輕，進入負性

順便了解一下！

精神障礙和精神病的差異

*1 精神障礙（neurosis，台灣多稱精神官能症）是指當事人的私生活、社會生活，受到心理異常影響的狀態。若當事人精神障礙的病況嚴重，無法區分幻覺和現實，則稱之為精神病（psychosis）或類精神病障礙。

思覺失調的發病機率

*2 日本的思覺失調患者約有八十萬人，每一百人中約有一人發病，也算是常見的疾病。很多人誤以

症狀的慢性期，再用藥物治療預防復發，讓當事人過上穩定的社會生活。

從預防復發的觀點來看，當事人和其家屬也應該接受心理衛教。思覺失調在介入時，不只著重個人的內在問題，還得提供社會生活的全面支援，讓當事人建立適當的人際關係，過上安定的現實生活。

為這是不治之症，甚至覺得病患連溝通都有問題，事實上有機會康復。這跟高血壓、糖尿病這類的生活習慣疾病相似，講究早期發現早期治療，並且要持續治療預防復發。

思覺失調的症狀和經過

思覺失調會從急性期轉變為慢性期。

急性期

剛發病的時候，有強烈的妄想和幻覺等正性症狀。

⇓

慢性期

急性期的治療告一段落後，開始產生負性症狀的時期。由於正性症狀稍有緩解，感情貧乏和情緒低落等症狀會特別明顯。

何謂正性症狀？

健康時不會有的症狀，好比幻聽或妄想。

何謂負性症狀？

失去某些健康特質的症狀，好比感情僵化、情緒低落、思考能力衰退等等。也就是在患病過程中失去某些正常功能。

重要關鍵字 1

新型憂鬱症

近年來，二十到三十歲的年齡層中，有越來越多人罹患「新型憂鬱症」。這又稱為「類憂鬱症」和「非定型憂鬱症」，據說憂鬱症患者中，有將近一半屬於這種類型。

過去普遍認為，性格嚴謹又有責任感的人，特別容易罹患憂鬱症。一旦罹患憂鬱症，連個人的嗜好都變得不再感興趣。相對地，新型憂鬱症則沒有這樣的傾向，只有在工作或遭遇困境時才會感到憂鬱，沉迷於自己喜歡的事物就沒有病症。而且，跟以往的患者不一樣的地方在於，新型憂鬱症患者不介意主動求醫。他們會拿著醫生開的診斷書，跟公司請長假，再利用假期外出旅遊。新型憂鬱症患者並不排斥這樣的作為。

因此，旁人只覺得他們任性妄為，但痛苦、焦慮、焦躁感的症狀跟一般憂鬱症相同。目前精神科醫生很難診斷新型憂鬱症，也找不到確切的治療方式。（※ 新型憂鬱症的概念目前非正式臨床診斷，在台灣亦無以此概念調查的相關數據可供參考。）

●以往的憂鬱症特徵

- 做自己喜歡的事情，心情依然好不起來。
- 什麼事都不想做，只想睡覺。
- 有強烈的自責念頭，認為失敗都是自己的錯。
- 早晨到上午容易惡化。
- 不想去醫院。
- 想隱瞞自己有憂鬱症。

●新型憂鬱症的特徵

- 只有在工作或遭遇困境時才會感到憂鬱。
- 請假休養的時候，會積極做自己喜歡的事情。
- 喜歡怨天尤人，認為失敗是別人的錯。
- 一到傍晚就沒有精神。
- 不介意去醫院。
- 不隱瞞自己有憂鬱症。

PART

5

介入心理問題

應用各種心理治療的理論和技術，試圖解決問題。

本章主題

- 何謂介入
- 心理治療的理論
- 心理治療的技巧

介入的理論 1

何謂介入

剖析問題後決定方針，提供支援解決問題

介入和「治療」的差異

所謂的「介入」是指**臨床心理師提供心理支援，解決案主的問題**。「治療」是透過醫療行為治好傷害和疾病，介入則是幫助案主接受自己的疾病，活出屬於自己的人生。

介入主要按照下列的步驟進行，首先是**分析評估**（⬇P46）得來的資訊，釐清問題的成因。再來是**個案概念化**（⬇P48），制定解決問題的介入方針。最後，則是按照方針來**介入**案主的問題。

不過，除了原本的病因外，有時候可能會有其他因素，導致問題無法獲得解決。因此，就算找出原因，也不見得能解決問題。換句話說，介入時最重要的不是找出原因，而是弄清楚造成問題的機制，試圖去改變那樣的機制。

介入提供的是綜合支援

每個人都是社會的一分子，同時也受限於生理系統，這個生理系統就是我們的身體。所以，**案主的心理問題不見得是心理因素造成的。可能是社會因素、生理因素等多重因素造成心理問題**[*1]。

因此，介入不該只著重在心理層面，而是要多方施力才有用。左邊圖表介紹的是不同問題適用的技巧和理論[*2]。

詳細解說！

*1 「心靈」是認知或感情所組成的心理系統，跟生理系統不能分開來看。個人的心靈會透過其言行，跟社會環境互有影響。

*2 介入時，會使用心理治療或心理諮商。

介入的理論和技巧

介入時要對心理層面和其他層面，使用合適的理論和技巧來解決問題。

解決個人的心理問題

例 幼年期的經驗導致抑鬱、焦慮，為人缺乏自信。

理論

- 案主中心治療〔➡P170〕
- 精神分析〔➡P174〕
- 分析心理學〔➡P178〕
- 內觀療法〔➡P204〕

等等

技巧

- 自由聯想法〔➡P177〕
- 夢的分析〔➡P210〕
- 聚焦〔➡P212〕

等等

解決個人的行為問題

例 失敗過後害怕再次失敗，因此不敢外出。

理論

- 行為治療〔P180〕
- 認知行為治療〔P184〕
- 森田療法〔P202〕

等等

技法

- 暴露法〔P216〕
- 自律訓練法〔P214〕

等等

解決社會性的問題

例 生長的文化和生活的環境不合，無法好好適應環境，因而產生憂鬱。

理論

- 家庭治療〔P188〕
- 溝通心理學〔P194〕

等等

技法

- 團體療法〔P224〕
- 諮詢〔P228〕
- 心理衛教〔P232〕
- SST〔P234〕

等等

解決生理層面的問題

例 思覺失調發作，難以過上正常生活。

理論

- 異常心理學〔P121〕
- 神經心理學

等等

技法

- 藥物治療

等等

介入的理論 2

案主中心治療①

羅傑斯提倡的思維，尊重案主本身成長潛力的治療法

案主一稱的由來

「案主中心治療」是美國的羅傑斯在一九四〇年代提倡的思維。這個理論的出現跟當初普遍的心理治療形成對比[*1]。

羅傑斯的思維十分新穎，首先他把**「患者」改稱為「案主」**，**意為自發性尋求支援的人**。他認為只要提供合適的環境，案主的心理層面就會主動成長。在羅傑斯的觀念中，只要用體貼的態度提供介入，營造出一種包容和接納的氣息，案主就會發揮人類原本的潛力，培養出解決問題的能力。

有鑑於此，臨床心理師的工作，不是把自己的價值觀和目標強加在案主身上，而是要安排一個環境，讓案主可以放心處理好自己的問題。

自我一致和自我不一致

羅傑斯的觀念誠如左圖，他認為人格是**「自我概念」**和**「經驗」**[*2]重疊下的產物。重疊的部分夠多，才會認可自身的經驗，不會有曲解的現象。這又稱為**自我一致**，也就是**適應狀態**。反之，兩邊重疊的部分較少，當事人無法接受跟自身看法不合的經驗，這又稱為**自我不一致**，是一種心理上的**不適應狀態**。無

詳細解說！

*1 當時的心理治療，是先進行測驗和提問，再由臨床心理師單方面提出指示。但羅傑斯認為，這種單方面的做法，無法養成案主自行解決問題的能力。因此，才有案主中心治療誕生，畢竟只有當事人才能替自己做決定，勇敢面對問題。

*2 這裡的「自我概念」是指內心的思維和認知，而「經驗」是指沒有夾雜判斷和推測的體驗。

法恰當地看待人事物，這種不適應的狀態會造成心理上的痛苦。

不適應狀態和適應狀態

心理上的不適應狀態

自我概念太強，無法認同自己經驗，
自我一致的部分（重疊部分）較少。

心理上的適應狀態

雖然Ａ有討人厭的地方，但也有討喜之處，兩種經驗都能接受。

引導案主達到適應狀態是臨床心理師的職責，所謂的適應狀態，是指自我一致的部分較多的狀態。也就是自己的看法和實際的經驗一致。

介入的理論 3

案主中心治療②

案主必須滿足六大條件，才會有心理上的成長

案主中心治療的理論

羅傑斯在一九五七年發表的論文中提到，案主和臨床心理師之間**要滿足下列六大條件，案主的人格才會有建設性的成長**。

①案主和臨床心理師之間，必須有心理上的接觸。換句話說，要養成足夠的信賴關係來進行介入。

②案主需處於心理上不適應的狀態（自我不一致的狀態）。

③臨床心理師要接納案主最真實的狀態（無條件的正向關懷）[*1]。

④臨床心理師要去揣摩案主的感受，並告訴案主這件事（感同身受的理解）。

⑤和案主接觸的過程中，臨床心理師的實際感受，必須跟言行、態度一致（自我一致）。

⑥臨床心理師透過互動過程，讓案主感受到自己有做到第三和第四點。

這些稱為「人格改變的必要條件」。誠如左頁圖示，其中三大項目是提供支援的一方必須達到的條件。

案主中心治療的現況

案主中心治療這一套理論，影響到許多的臨床心理師，但在一九七〇年代以後，陸續有一些批判性的考究。現在案

詳細解說！

*1 在案主達成某些條件下，才給予認同和關懷，羅傑斯認為這種應對方式，是「有條件的評價」。反之，則稱為「無條件的正向關懷」。此一觀念認為，就算案主做出不值得讚賞的行為，也該尊重和認同案主。這裡所謂的認同不是指「同意」或「認為案主是對的」，而是知道案主會這樣做，背後一定有他自己的原因。

主中心治療已不再享有主流的地位。

不過，案主中心治療的理論衍生出聚焦（➡P212）等技巧和思維。對現今的臨床心理活動頗有貢獻。

提供心理支援的一方必須達成三大條件

「人格改變的必要條件」當中，有三大條件對提供支援的一方特別重要。

① 無條件的正向關懷

從客觀的角度來看，就算是矛盾的情緒或不一致的價值觀，那也是案主最真實的樣貌，提供支援的一方應該無條件認可。

② 感同身受的理解

徹底去感受案主的內心世界，就如同案主本人感受到的一樣。不過，臨床心理師也不能失去自身的感性。這又有分以下兩個階段。

基本的感同身受：先接受案主的一切，哪怕是不合宜的觀念也一樣，並告訴案主這一點。

高度的感同身受：經過多次面談後，推敲案主可能隱約感受到的某些情緒和想法，並告訴案主這一點，提供新的行動方針。

③ 自我一致

臨床心理師對案主應該表裡如一，言行也必須一致。

介入的理論 4

精神分析①

佛洛伊德提倡的理論，「潛意識」決定人類大部分的行為

潛意識影響行為

「精神分析理論」是佛洛伊德在十九世紀末期到二十世紀前半提倡的論述。這個理論的說法是，**我們的行為多半受到潛意識的影響**。

所謂的潛意識，是指受到壓抑而難以意識到的內心領域。在意識和潛意識之間，還有一個「前意識」，這是可以靠努力認知的領域。例如，我們都有不小心叫錯別人名字的經驗，可能對方的名字跟欺負過你的人一樣，你的潛意識會避開那段討厭的回憶。這種情況下，思考口誤理由的過程，就相當於你的前意識。當你想到理由，就會有明確的認知。

佛洛伊德的心靈論述

佛洛伊德認為，人心由三大要素組成*1。

首先是「**本我**」，這是無意識的要素，會追求本能上的欲望。再來是「**自我**」，這是連接本我、超我、現實的存在，保持三者的均衡。第三是「**超我**」，源於幼兒期受到的管教方式。會監視自我，形成道德和罪惡感。

佛洛伊德認為，**這三者的力量失衡，或是跟現實沒有保持均衡，都會危害心理健康**。

詳細解說！

*1 這種心理架構稱為「結構理論」，是一九二三年佛洛伊德在《自我和本我》中提到的概念。根據佛洛伊德的說法，人心的第一個層面是本我，本我想要滿足本能的欲望，在得不到滿足的情況下，就會產生緊張感。心靈的第二個層面是自我，自我的作用是處理現實問題。心靈的第三個層面是超我，超我是有意識發揮作用的要素，在幼年期建立後，發揮道德和罪惡感的功能。

佛洛伊德思考的心靈架構

意識與潛意識

有意識

意識　當下有注意到的心理部分

前意識　當下沒有注意到，但努力思索可以清楚認知

本能或欲望

潛意識　受到壓抑而難以認知的心理部分

壓抑

過去　以前被B欺負過

現在　把同樣叫B的人名字叫錯

潛意識　因為對方和以前欺負自己的人同名，因此潛意識會避免想起過去的回憶，這就是叫錯人名的原因。

佛洛伊德提出的心理動態

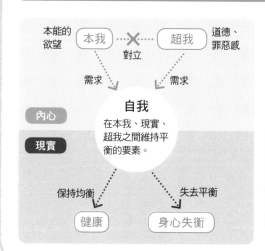

本能的欲望　本我　對立　超我　道德、罪惡感

需求　需求

內心

自我
在本我、現實、超我之間維持平衡的要素。

現實

保持均衡 → 健康

失去平衡 → 身心失衡

佛洛伊德認為，自我負責平衡本我和超我產生的需求，只要能在現實中處理妥當，即可保持心靈的健康。反之，就會產生精神障礙等身心失調的症狀。

精神分析②

認清從小壓抑的內心糾結，尋求解決之道

佛洛伊德的發展理論

佛洛伊德提出了五大發展階段（⬇P81），這五大階段主要著重性的層面。分別是**口腔期（出生到一歲半）**、**肛門期（一歲半到三歲）**、**性器期（三歲到五、六歲）**、**潛伏期（六歲到十二歲）**、**生殖期（十二歲以後）**。

在不同的階段，人類會解決本我（⬇P174）的欲望和現實所產生的糾葛。比方說，在性器期會對異性的家長抱有性方面的需求，並敵視同性的家長。之後，學習到社會道德後（超我），對家長不再有愛意，此一糾葛便獲得解決。然而，當糾葛沒有獲得解決，就會對性方面的需求抱有罪惡感，難以建立戀愛關係。

壓抑和心理問題

根據精神分析的論述，**人心失去平衡後，會不自覺地發揮「防衛機制」，以免自我受到焦慮的侵害**。防衛機制有不同的種類，壓抑就是其中之一。**所謂的壓抑，是指無意識地抑制自我無法接受的本我欲望**。

比方說，幼兒期的欲望受到壓抑，雖然自我不必面對不安，但欲望只是沒被認知，依舊潛藏在心底。一旦產生同樣的欲望，內心的欲望和害怕欲望的情緒

詳細解說！

*1 比方說，僧侶修行斷除性慾，只要認清自己有性慾，對此有所自覺，心態上就會比較從容，也就不會產生心理問題。

互相衝突，若沒被當事人注意到，就會產生心理問題[1]。

精神分析的理論，就是**讓當事人認清從小壓抑的糾葛，減輕不自覺的自我緊張**。佛洛伊德採用自由聯想法來達到此一效果。

佛洛伊德的精神分析技巧

精神分析會採用自由聯想法，臨床心理師會分析案主潛意識中的「抗阻」、「移情」，並透過「詮釋」來消除壓抑。

自由聯想法

- 不要刻意選擇或批判腦海中產生的念頭，讓案主自由發表意見。
- 減輕案主內心的壓抑，使其說出平日視而不見的心聲。
- 讓案主躺在沙發上，閉起眼睛進行。

詮釋

臨床心理師在面談中，會點明案主的防衛機制所做出的行為，幫助案主認清自己潛意識的狀況，這就稱為詮釋。

抗阻

當壓抑的潛意識快要現形，案主可能會有沉默、缺席這一類的妨礙行為，這種行為就稱為抗阻。臨床心理師會分析抗阻，讓潛意識有機會被案主的意識看見與理解。

移情

案主對過去的重要人物抱有某些需求或幻想，之後這些需求或幻想投射到臨床心理師的身上。這種感情就稱為移情，分析移情可以闡明被潛意識壓抑的情感。

介入的理論 6

分析心理學

榮格所創的理論，在「個人的潛意識」之下還有「集體的潛意識」

個人的潛意識和集體的潛意識

「分析心理學」是瑞士心理學家榮格所創，泛指他的觀念和實務理論。榮格和佛洛伊德相同，都很重視人心中的潛意識。

佛洛伊德認為，潛意識中壓抑的欲望和害怕欲望的情緒，若沒有被當事人認知，則會產生心理問題。佛洛伊德這種對潛意識的觀念，榮格稱為「個人潛意識」。

榮格思考的心理架構，則是在個人潛意識之下還有一個「集體潛意識」。**那是人類普遍的共通意象，超越個人的體驗**。集體潛意識跟佛洛伊德定義的受壓抑的潛意識不同，具有正向的創造力[*1]。

榮格還有依照方向性和功能來分析人心，詳見左頁圖示。

超越意識的夢境

分析心理學很**重視夢境**，其治療法當中有所謂的夢境分析。榮格認為，夢境是想表達某種超越意識的東西，屬於比意識更高等的存在。夢境會補足只有單一層面的自我，傳達某種未知的層面，分析心理學會透過夢境探究案主的內心。

詳細解說！

*1 榮格遇過某個思覺失調的患者，他會看著窗外不斷搖頭。據他所說，天上的太陽掛著一根陰莖，當那一根陰莖左右擺動，四周就會颳起風。多年後，榮格在希臘文的密特拉教典籍中找到類似的論述。這種人類普遍的共通意象，超越個人的體驗，便是所謂的「集體潛意識」。

榮格構思的人心運作原理

榮格提倡的心靈層面和功能

榮格認為人類的關注有一定的方向性，因此人格有分外向和內向兩大層面。而在心理功能當中，又有四種較為強烈的傾向，把人類分成四大類型。這種人格類型論在當今的臨床心理學，也有非常重要的地位。

心靈的方向性

- 外向——主要關注外在世界。
- 內向——主要關注自己的內在。

心理的四大基本功能

- 思考——用概念性的方式看待人事物。
- 感情——用好惡判斷人事物。
- 感覺——用感覺判斷人事物。
- 直覺——察覺人事物背後的某種可能性。

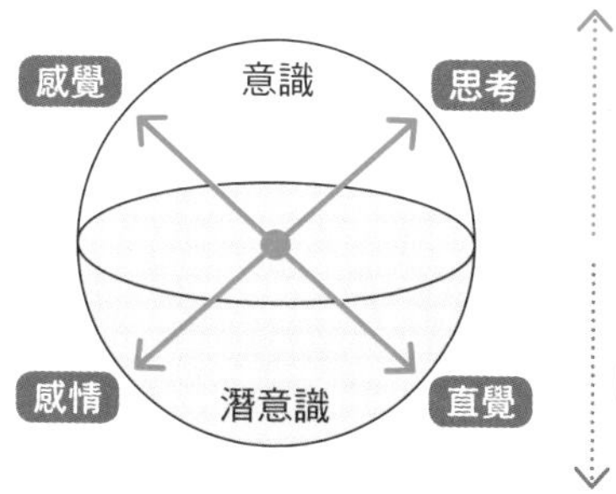

榮格提倡的心理架構

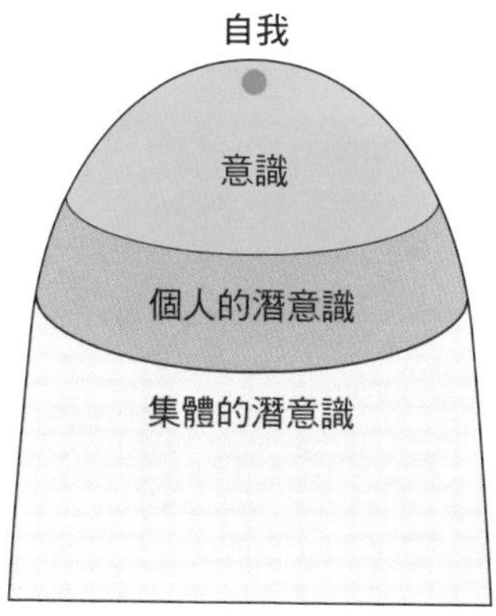

所謂的「集體潛意識」是指人類普遍的共通意象，超越個人的體驗。集體潛意識包含了人類的社會性歷史資訊，是人類好幾個世紀累積下來的經驗寶庫。人類共通的神話主題或極具象徵性的意象，其基本類型就稱為「原型」。

介入的理論
7

行為治療①

有問題的行為多半是後天學來的

問題行為和學習的關係

「行為治療」是美國的史金納、沃爾普，以及英國的艾森克等人，從一九五〇年代後期歸納出來的一套心理治療法。行為治療的理論是，**不合宜的行為都是後天養成的，因此可以用學習的方式來改善問題。**

行為治療中的「學習」，是指透過經驗來改變行為，並長期持續下去的狀態。而這裡所指的「行為」，是指人類和環境之間所產生的一切反應。思考、感情等內在變化，如果也是受到環境的刺激所產生，那也包含在行為當中。

行為治療的三大理論

行為治療最具代表性的理論有以下三種。

第一是**「古典制約理論」**，由俄羅斯的巴夫洛夫所提出。他在狗狗進食前搖晃鈴鐺，並重複這樣的行為，久而久之狗狗聽到鈴鐺的聲音，就會流出口水[*1]。巴夫洛夫認為，人類不合宜的行為也同樣是後天養成的。再來是史金納提出的**「操作制約」**，操作制約的觀念是，從事不合宜的行為有減輕焦慮或恐懼的作用，因此當事人才會一直做下去。

加拿大的班杜拉提出的是**「觀察學**

詳細解說！

*1 在古典制約的論述中，動物對食物流口水，那是生物本來就有的反應，因此稱為「非制約反應」，引發無條件反應（口水）的食物，稱為「非制約刺激」。至於像上述實驗那種非無條件刺激的東西（鈴鐺），則稱為「中性刺激」。這種行為上的變化，稱為「古典制約學習」。

行為治療的三大理論

行為治療最具代表性的理論有以下三種。

古典制約理論 ——巴夫洛夫提倡

例 在狗狗的身後搖鈴鐺（中性刺激），之後再給狗狗食物（無條件刺激）。久而久之，狗狗只要聽到鈴鐺聲，就會流口水（無條件反應）。

→「人類不合宜的行為，也是後天養成的。」

操作制約理論 ——史金納提倡

例 老鼠偶然按壓到開關，進而取得食物，之後老鼠會頻繁按壓開關（＝強化）。

※反之，刺激若減少反應的頻率，則稱為「削弱」。

→「人類從事某項行為受到稱讚，則實行的頻率會增加，被責罵則頻率減少。換言之，對案主來說，不合宜的行為可能也有某些好處。」

觀察學習 ——班杜拉提倡

例 看到暴力行為的團體，比沒看到暴力行為的團體，更容易產生攻擊性。

→「大部分的行為都是模仿自旁人。換句話說，不合宜的行為也有可能是模仿旁人的舉動所造成。」

習」理論。比方說，孩子會模仿父母的行為，大部分的行為都是模仿來的。換句話說，當事人有問題的行為，可能是

模仿身旁的人。

介入的理論

8

行為治療②

根據最具代表性的三大理論，衍生出各種治療法

行為治療的各種技巧

有幾項代表性的心理治療方法，就是衍生自行為治療的理論。

好比**「暴露法」就是應用古典制約理論**。具體做法是，讓當事人刻意去想像或接觸一些會引起焦慮和恐懼的情境，減輕那種情境和負面情緒的聯繫。

「應用行為分析 (↓P70)**」則是應用操作制約理論**。這一套方法在評估時用來分析問題很有效，在介入時也有很大用處。

「模仿學習」則是應用觀察學習理論的方法。也就是讓當事人模仿良好的行為，學習合宜的行為模式，角色扮演也包含在內[*1]。

使用行為治療介入的步驟

使用行為治療介入案主的問題時，要先進行綿密的觀察、面談、測驗，評估案主的問題出在哪裡。之後，剖析刺激和反應的關聯性，查出不合宜的行為產生和持續的原因。

分析後，決定好要消除的負面行為，以及要學習的新行為，並選擇合適的技巧來應用。在介入的過程中，也要細心顧慮案主。

順便了解一下！

角色扮演

*1 臨床心理師對案主提出有效的行為方法，這個方法必須比案主平常採取的行為更有用處，之後再請案主實際演練。

行為治療的主要技巧

應用古典制約理論的方法

暴露法

列出會引起當事人恐懼的刺激，先列出程度比較沒那麼嚴重的項目，依序讓當事人去想像或接觸那些情緒，藉此來減輕焦慮和恐懼。

例 **孩子不肯上學**
早上準備去上學（焦慮程度較輕）→走到校門口（焦慮程度中等）→習慣焦慮後，最終就能克服上學的恐懼和焦慮。

應用操作制約理論的方法

應用行為分析

分析不合宜的行為發生的原因（前置刺激），以及後來發生什麼樣的問題（後續刺激）。

例 當事人不受矚目（前置刺激），所以發出怪聲（不合宜的行為），結果受到旁人的關注（後續刺激）。→當事人發出怪聲，旁人也不予理會→不合宜的行為自然消失。

操作制約法

給予食物、讚美、代幣酬賞，讓當事人多做某些行為（正強化）。或者，消除某些行為所受到的責難或批評（負強化）。

例 **忍住尿意去上廁所**
不會被罵（負強化）→獲得稱讚（正強化）。

應用觀察學習理論的方法

模仿學習

展現出合宜的行為讓當事人模仿，藉此學習合宜的行為模式，角色扮演也屬此類。

例 具體展現如何提出自我主張→讓案主當場練習（角色扮演）。

介入的理論 9

認知行為治療①

整合行為治療和認知治療的長處，目前在心理治療中占有主要地位

世界通用的心理治療法

「認知行為治療」的理論認為，個人的觀念會影響到對事物的看法，**既然案主本身有心理問題，那就應該改善負面、不理性的認知和觀念。同時，還要讓案主學習合宜的行為來解決問題。**目前，認知行為治療是全球最主要的臨床心理學介入法[*1]。

認知行為治療的兩大起源

認知行為治療**不是單一創始者發展的論述，而是各種技巧的總稱。**行為治療〔⬇P180〕和認知治療為其根源。行為治療的觀念認為，不合宜的行為是後天養成。初期著重的是可觀察的行為模式，之後才看重難以觀察的內在層面。

認知治療著重的是對事物的看法和觀念。也就是說，對於事物有不恰當的認知，才導致心理問題產生[*2]。不過，實際上認知治療多半採用行為治療的技巧。

時間一久，兩邊的療法各取所長，技巧也逐漸統合，便發展出了認知行為治療的理論。

詳細解說！

*1 認知行為治療有以下幾個發展目標。第一、案主必須能輕易理解其論述。第二、其論述可供研究人員檢討效果。第三、其論述可傳授給學生實踐。第四、治療比較不耗費時間和金錢，相當經濟實惠。現在，各方研究已廣泛印證認知行為治療的有效性，認知行為治療獲得了主要地位。

*2 所謂的認知是知覺、認識、理解、判斷、推論等知性的統稱。

認知治療中的不恰當認知

認知治療的 ABC 理論

事件（A）所產生的結果（C），不是事件本身所引起，而是對事件的認知（B）造成結果的改變。

Ⓐ 事件 Activating Events
㊐例 考試只考五十分

→ Ⓑ （不恰當的）認知 Believes
例「覺得自己是廢物」

→ Ⓒ 結果（感情或行為）Consequences
例 失落

貝克提出的不恰當認知

貝克指出，不恰當的認知會在下列層面發生。將不恰當的認知扭轉過來，這種認知治療有減輕抑鬱症狀的作用。

① 基模

根據過去的經驗所產生的詮釋方法和信念。

② 自動化思考

在某種情況下，人心中自動浮現的某種想法和意念。

③ 推論的謬誤

對事物的偏頗看法，主要有以下幾種。

- 二分法思維：只認同成功或失敗，看法太過極端。
- 負面思維：不思考實現的可能性，而過度放大負面的預測。
- 設定必要條件：對自己和他人有極高的要求。
- 過度類化：把單一的負面事件視為隨時可能發生的事件。
- 跳躍式推論：不確認其他人的想法，自以為了解對方。

認知行為治療②

憂鬱症、恐慌症、PTSD等問題都有使用這套療法

認知行為治療的基本構想

現在的認知行為治療主張，**外部狀況和人際關係這些環境因素，跟案主的個人反應互相影響，因此導致了案主本身的問題**。另外，認知行為治療會從三大層面來分析案主的狀況，分別是「刺激（S：Stimulus）－反應（R：Respones）－結果（C：Consequence）」。這裡所指的反應，是指認知、行為、生理上的反應。

分析刺激會造成的反應，了解問題為何會持續下去，這樣的作業稱為功能分析（⬇P72）。做過功能分析以後，釐清了問題的成因，才會實際進行介入。

認知行為治療的應用

過去，認知行為治療的理論和實際的介入方法，一直都有在進行驗證和改良。經歷過這樣不斷地驗證以後，認知行為治療被活用在各種心理問題上，包括憂鬱症（情感障礙）、強迫症、PTSD、飲食障礙、思覺失調、睡眠障礙[*1]、發展障礙（⬇P102）。

認知行為治療有各種介入方法，對於不同障礙逐漸發展出有效的介入方法[*2]。例如憂鬱症要按照左圖的步驟，進行認知行為治療。不過，**必須先釐清案**

詳細解說！

*1 各種障礙的詳情，請參照第四章異常心理學的內容（⬇P121）。

順便了解一下！

認知行為治療未來的發展

*2 臨認知行為治療適用的範圍逐漸增加，比方說慢性疼痛、自殘行為、賭博行為、酗酒問題、兒童問題等等，各種心理問題都開始活用認知行為治療來解決。

主的狀況和問題，再以靈活的方式應對。

在這種情況下，根據個案概念化來進行評估和介入，就顯得十分重要。

認知行為治療的理論和介入方法

環境和個人反應的相互作用

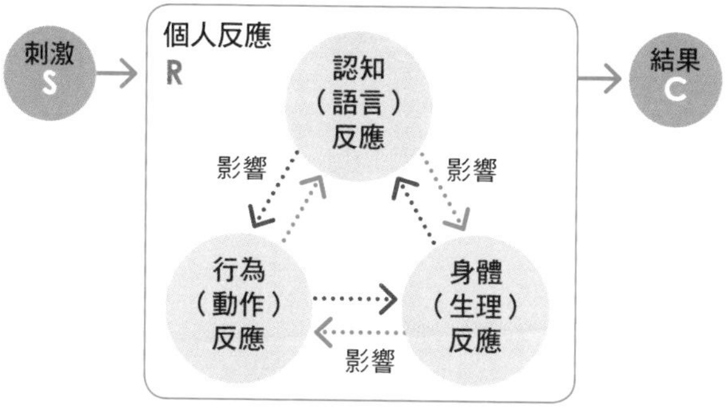

根據上面的圖示，分析環境的刺激（S）會造成何種反應（R），進而探討問題持續下去的原因（C）。

用認知行為治療憂鬱症的方式

用認知行為治療憂鬱症時，會以下列的程序來改變認知。

1. 發現自身壓力，釐清問題。
2. 分析何種狀況導致問題發生，以及引發什麼樣的感情。
3. 分析自身的思維（自動化思考）對感情和行為造成何種影響。
4. 理解本身自動化思考的特性。
5. 認清自動化思考的內容和現實的落差，養成自由靈活又符合現實的觀點。

6. 觀點改變後，練習解決問題和改善人際關係的方法。

來源：《憂鬱症認知治療・認知行為治療手冊》厚生勞動省二〇〇九年版本。

介入的理論 11

家庭治療①

主張個人的問題來自於家庭，並介入家庭關係

與個人治療的差異

把焦點放在案主身上的治療方式，稱為個人治療，家庭只算是間接原因。相對地，**家庭治療主張家庭是家人互相影響的一大系統**。

做出不合宜行為的對象，在家庭治療中被稱為IP（Identified Patient＝**指定病人，意指可辨識的病患**）。IP的個人問題，是IP的家庭系統出問題所導致的結果，因此必須介入家庭關係。

家庭治療的歷史

家庭治療起源於一九四〇年代到一九五〇年代。一開始是貝爾在加州的MRI[*1]召開集體面談，後來該學派的研究員與各種家庭面談，發現家庭關係中，有類似左圖介紹的因果關係。

一九六〇到一九八〇年代，**家庭系統論**盛極一時，這是把整個家庭當成一個「系統」的理論。

到了一九九〇年代，家庭治療的理論有了更進一步的統整，還融入行為治療和精神分析等其他心理治療法的理論，發展出敘事治療（→P198）、短期治療[*2]等全新的治療趨勢。

順便了解一下！

*1 MRI
Mental Research Institute的簡稱，由文化人類學者貝特森和精神科醫生傑克森設立的家庭治療研究所，該研究所培育出許多家庭治療的專家。

詳細解說！

*2 短期治療
短期治療的介入次數有其限制。傳統的精神分析，著重於全面剖析個人的過去；但短期治療重視的是，如何在短時間內，有效解決現階段的問題。

家庭治療的思維

「家庭系統論」是家庭治療的核心理論，其主張家庭是一個完整的系統。當事人有問題的行為並非出自個人因素，而是家庭系統造成的問題，應該介入家庭關係。

何謂家庭系統論……

一九六〇年代，這套理論衍生自家庭治療的臨床經驗。該理論主張家庭是一個完整的單位，當中的家庭成員互有影響，且共同組織成一個「系統」。

直線的因果關係和環狀的因果關係

在研究家庭治療的過程中，研究人員發現家庭問題無法完全用直線的因果關係來解釋。於是後來有了新的論述，認為問題的成因和結果是互相影響、互為循環的形式。

直線的因果關係

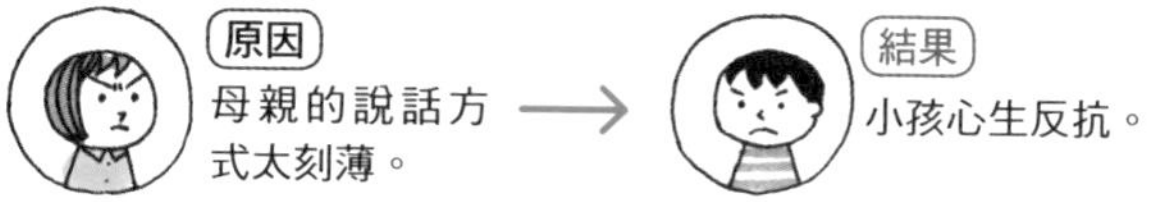
原因
母親的說話方式太刻薄。
結果
小孩心生反抗。

環狀的因果關係

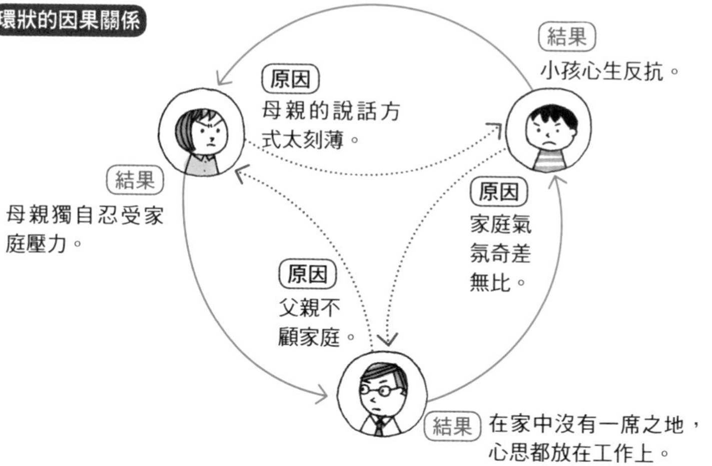
原因
母親的說話方式太刻薄。
結果
小孩心生反抗。
結果
母親獨自忍受家庭壓力。
原因
家庭氣氛奇差無比。
原因
父親不顧家庭。
結果
在家中沒有一席之地，心思都放在工作上。

介入的理論 12

家庭治療②

家庭治療有三大代表性理論

最具代表性的三大理論

家庭治療草創時期，好幾名研究人員發展出各自的理論。最具代表性的三種分別為「世代派」、「構造派」、「溝通派」。

不同理論各有其主張

以美國的包溫為首的**世代派，提出了所謂的「歷史性觀點」**。也就是說，當事人的問題應該從整個家庭的歷史去探究。包恩重視「自我分化」，這是情緒和理性各自發揮功能的狀態。自我分化的程度越高，理性就越不容易受情緒影響；反之，自我分化的程度越低，就不容易保持心靈安定。自我分化的程度不夠高，會間接影響到家中的成員，衍生出心理問題。

以美國米紐慶為首的**構造派，則提出了「生態學的觀點」**。這是從構造上的層面來理解家庭關係。目標是讓親子之間有一道明確的界線。

以美國貝特森為首的**溝通派，提出了「當下溝通的觀點[*1]」**。特色是改善家庭內部的溝通水準，而不預設理想的家庭關係。左圖提到的雙重束縛是一種很有名的概念。

詳細解說！

*1 這是著重「當下」發生的溝通問題。這個觀念認為，溝通除了本身的內容外，還隱含了其他不一樣的訊息。

家庭治療的三大理論

1 世代派 從「好幾代的家庭歷史」來剖析心理問題的理論。

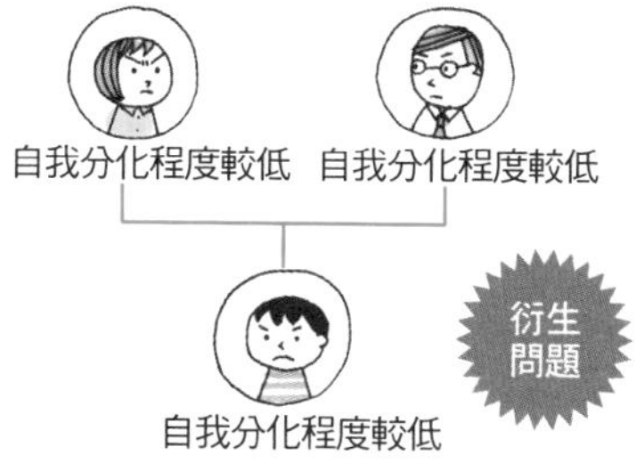
自我分化程度較低
自我分化程度較低
衍生問題
自我分化程度較低

包恩的主張

- 重視自我分化，亦即理性和情緒各自獨立。
- 自我分化程度較低，會表現出有違本意的態度，以謀求心靈安定。再者無法釐清自己與他人的區別，容易引發問題。
- 上一代的自我分化程度低，會導致下一代自我分化程度低，心理症狀便由此而生。

2 構造派 分析家庭關係的結構，明示理想家庭構造的理論。

米紐慶的主張

- 父母在面對小孩時，保持一致的立場較為妥當。
- 親子之間必須有明確的分界，不該像朋友一樣處於並列的地位。
- 小孩不該承擔父母的職責，這一點很重要。

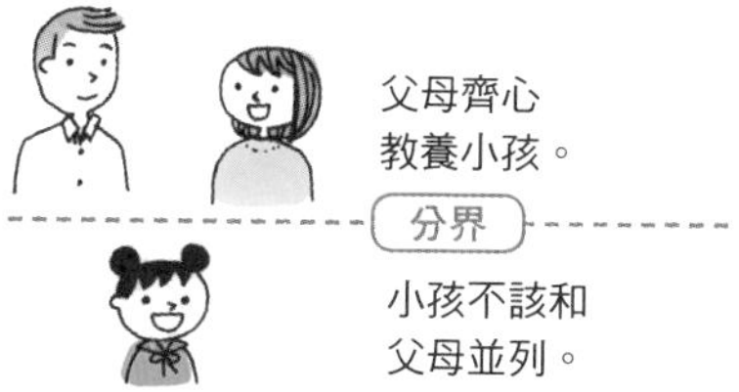
父母齊心
教養小孩。
分界
小孩不該和
父母並列。

3 溝通派

改善家庭內部溝通的理論。

貝特森的主張

- 除了語言的訊息外，行為、表情、嗓音也有隱含的訊息。
- 接收到矛盾訊息的人，不曉得該相信哪一個才好。
- 長此以往，就會有溝通不良的問題（雙重束縛）。

例 雙重束縛
語言
態度
喜歡媽媽
就靠過來。
孩子靠過去，
母親卻表現嫌
惡的態度。

嘴上叫孩子靠過來，等孩子實際接近，又表現出厭惡的態度。面對這樣的母親，孩子會不曉得該接收哪一個訊息才好。

介入的理論

13

家庭治療③

不同技巧有不同的目的，好比評估或建立信賴關係

過去還有用攝影機

家庭治療有各式各樣的技法[*1]。曾經有段時期，治療時會使用攝影機、單向鏡、對講機這類的器材。透過這些器材，治療團隊可以偷偷觀察家庭。可是，現在很少使用這些器材了。

目前的主要技巧

目前家庭治療主要使用下列方法。

有一種叫**「融入」**的技巧，是臨床心理師和家庭建立關係的方法。首先觀察家庭的言行舉止，迎合家庭的規範，試圖融入家庭當中。另外還有**「多方面關照」**的方法，也就是對各家庭成員表達關懷（表現感同身受的態度）。

評估的技巧則有使用**「家庭圖」**的方法，另外還有**「家庭印象法」**，這是一種用貼紙代表家庭成員的方法。前者適合釐清家族史當中的問題，後者可以幫助案主思考，自己的家庭是一個什麼樣的「系統」。

介入時有一項技巧叫**「重新框架」**，這是家庭治療衍生出的技巧中，活用範圍最廣的一種技巧。除此之外，還有相當多的介入方法，好比**「悖論治療」**等等。

本段依照不同的目的，介紹不一樣的

詳細解說！

*1 一般說到家庭治療，多半是找來所有家人舉行集體面談，但也有針對單一家庭成員的方法。由此可見，現存的家庭治療方法十分多樣化。

技巧。事實上，這些技巧還有各式各樣的效果。

家庭治療的主要技巧

在進行家庭治療的時候，不同目的各有不一樣的治療方法。

❶ 建立關係的技巧

融入

這是指加入家庭關係的意思，臨床心理師會配合家庭的規範，融入其文化當中。

多方面關照

臨床心理師對個別的家庭成員表達關懷（表現感同身受的態度），不特別偏袒某人，和每個人保持同樣距離的關係。

❷ 用來評估的技巧

家庭圖

會列出三個世代的家族圖譜，試著釐清問題所在，訂立介入的方針。

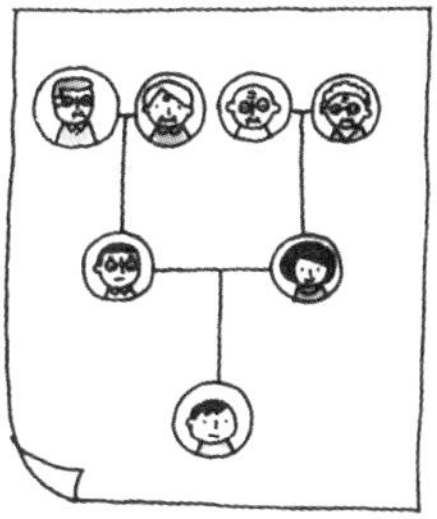

家庭印象法

用貼紙代表家庭成員，貼在專用表格上，了解家庭成員對彼此的印象，並且讓全家共享這種印象。

❸ 用來介入的技巧

重新框架

家庭成員的行為、問題，還有彼此的關係，屬於不可變動的「事實」，但可以賦予其不一樣的意義。一般來說，被賦予負面意義的人事物，臨床心理師會利用積極正面的語彙，改變其意義。

悖論治療

有時候家中成員有不恰當的行為，家人居中調解反而會產生惡性循環。臨床心理師可以利用悖論，指示該名成員強化不恰當的行為，斷絕家中的惡性循環。

社區心理學①

用來協助舊有的心理治療無法處理的對象

社區心理學誕生的過程

一九六〇年代，社區心理學在美國問世，是心理學的嶄新分野*1。

社區心理學的問世，主要來自對傳統心理治療的質疑。過去的心理治療主要是用對談的方式提供協助，可是對於那些無法造訪談話室的人而言，這套方法的效用不大。於是，學界開始討論心理學家在地方社會中，究竟該發揮什麼樣的職責。

因此，社區心理學的觀念認為，就算案主在平日的生活環境中，沒有前往臨床心理師的談話室，也要有效預防問題，並且施行介入措施。

社區心理學的基本概念

社區心理學中的「**社區**」，不單指地方社會的共同居民，這只是共有現實環境的關係。舉凡社團活動、家長教師聯誼會，這類共有無形信念、價值觀，或是關注共同議題的人際網絡，也涵蓋其中。

另外，**社區心理學主張，人類的行為和生活環境互有影響**。人類生活在職場、學校、地方社會等各種人際關係中，因此會受到環境的動向影響。

因此，社區心理學的介入方法，**特徵**

詳細解說！

*1 一九六五年在美國波士頓近郊召開的波士頓會議，揭開了社區心理學的發展史。該會議在斯旺普斯科特召開，因此又稱作斯旺普斯科特會議。全國社區心理衛生中心的心理學家共聚一堂，召開廣泛的議論。

是對當事人和環境下手。也就是要釐清個人與環境的關係，究竟如何衍生問題，尤其要深入了解環境的因素。

社區的定義和介入種類

社區的定義

社區不只是共有有形空間的團體，無形的人際網絡也包含在內。

物理性的社區		機能性（人際關係）的社區
共有現實環境的團體 ㊀例 地方社會	＋	共有信念、價值觀，或是關注相同議題的團體 例 社團活動、家長會、工會

群眾必須要有維持和發展該團體的意願，這又稱為社區感覺。擁有這種感覺的團體，才稱得上「社區」。

社區心理學的介入種類

以社區心理學為基礎的介入方法，不只針對個人，主要是針對整個社區，也就是介入當事人和周遭環境。而且介入方法十分多元，除了直接的介入法以外，還會用間接的方法追求美好的未來。

	介入社區全體介入	當事人
直接的介入	●以預防為主的活動，好比心理衛教、啟蒙活動	●心理諮商 ●前往社區服務（外展）
間接的接入	●改善組織、制度、政策，進行社會改革運動	●替當事人發聲（倡導） ●對相關人士、相關組織提供諮商

介入的理論 15

社區心理學②

個人的心理問題也需要社區心理學的見解

必要的觀念轉換

社區心理學的觀念認為，心理問題源自個人和環境的關聯。因此，該關注的不只是個人的內心世界，個人和環境的問題都必須處理。只關注個人的心理治療法有其侷限，所以像左圖介紹的一樣，需要不一樣的觀念轉換。

另外，為了順利達成這樣的觀念轉換，**跟其他領域的專家或非專家協同合作**（↓P42）**就顯得特別重要**[*1]。臨床心理師不該只是心理問題的專家，同時還要發揮其他的功能。好比在危機介入[*2]時擔任諮詢者（↓P228），或是擔任組成者協調各方專家，有時候還要擔任協調者（↓P230），調整社區活動。

社區心理學的實務活動

日本國內應用社區心理學，多半是拿來幫助外國人。他們在文化、社會、經濟上都屬於少數群體，面對的問題也跟制度、偏見、歧視有關。所以，像社區心理學這種改善環境的觀念轉換十分重要。

再者，家暴或虐待兒童這類的問題，使用社區心理學的觀念也相當有效。社區心理學也有用來處理學校和企業的問題，或是協助天災和犯罪的被害者。

詳細解說！

*1 比方說，校園心理諮商師在協助學生的時候，必須考量地方上的特性，以及學校的校風。同時，還得跟教師、家長一起攜手合作。在介入社區問題時，建立起這種合作關係也是臨床心理師該有的專業能力。

*2 所謂的危機介入，是指案主處於危機狀態時，要迅速提供短期而密集的協助（↓P226）

時下許多個人問題，需要從社會、經濟、文化的觀點來進行宏觀的了解。再者，為了解決問題也有改善環境的必要。

介入社區的作業

介入社區的觀念轉換

實際介入社區時，跟介入個人時要有不一樣的觀念。

	介入個人	介入社區
對象	個人	團體、系統、地區
介入的方向	提供支援解決問題（心理治療）	預防、教育、照護
責任歸屬	專家	地區
關注目標	疾病和障礙	生活和生活方式
介入所需的要素	按照既定程序介入	創造性的服務
進行方式	主要由單一的專家進行	由專家、非專家共同合作，組成照護網絡

社區心理學的援助對象

社區心理學主要在下列領域提供支援。

家庭

- 解決虐待或家暴等問題。

學校

- 解決霸凌、逃學、師生倫常失序等問題。

企業

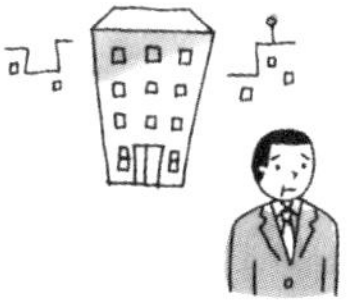

- 解決過勞、職權騷擾等問題。
- 協助當事人回歸職場等等。

地區

- 協助災害或犯罪的被害者。
- 協助外國人。
- 敦促行政單位改善服務品質等等。

介入的理論

16

敘事治療

以「談話」重新建構自我的治療法

重視「談話」的心理治療

「敘事治療」衍生自家庭治療，各國從一九八〇年代開始應用這一套心理治療法。**敘事治療重視案主的「談話」，主要讓案主談論自身的經歷，重新建構自我。**

這一套治療法的觀念認為，當案主堅信過去的某段故事，就表示那段故事「主導」了當事人的心。比方說，案主認為是自己害雙親不睦，就會在那段故事中持續感到糾結和痛苦。由於無法擺脫那樣的思考框架，因此又更相信那樣的故事。

打破主導人心的故事，重新建構一段新的故事，就是敘事治療的作用。主導人心的故事稱為**「主導故事」**，取而代之的則稱為**「替代故事」**。

支援的取向

敘事治療有以下幾個取向，首先是安德森提倡的「無知的態度」。臨床心理師要透過對話了解案主的心，跟案主一起找出問題。安德森認為，最了解問題的是案主本人，臨床心理師應該先放下專業知識和社會常識，向案主請教原因才對[*1]。

另外，對案主提出各種問題，則是懷

詳細解說！

*1 臨床心理師和其他領域的專家在接觸案主或患者時，往往會過於依賴自身的專業知識和技能。不過，這些專業知識和社會常識，有可能讓案主的問題更加難解，因此安德森才建議「無知的態度」。

*2 懷特和艾普斯頓主張，在日常生活中也該協助當事人，讓替代故事成為當事人深信不疑的故事。具體來說，臨床心理師要寄送信件給案主，提起替代故事建構的經過，

特和艾普斯頓提倡的取向。也就是藉由提問，點出案主本身的問題，找出沒有被問題影響到的體驗，並以那些體驗建構新的替代故事。這麼做可以幫助案主抽離問題[*2]。

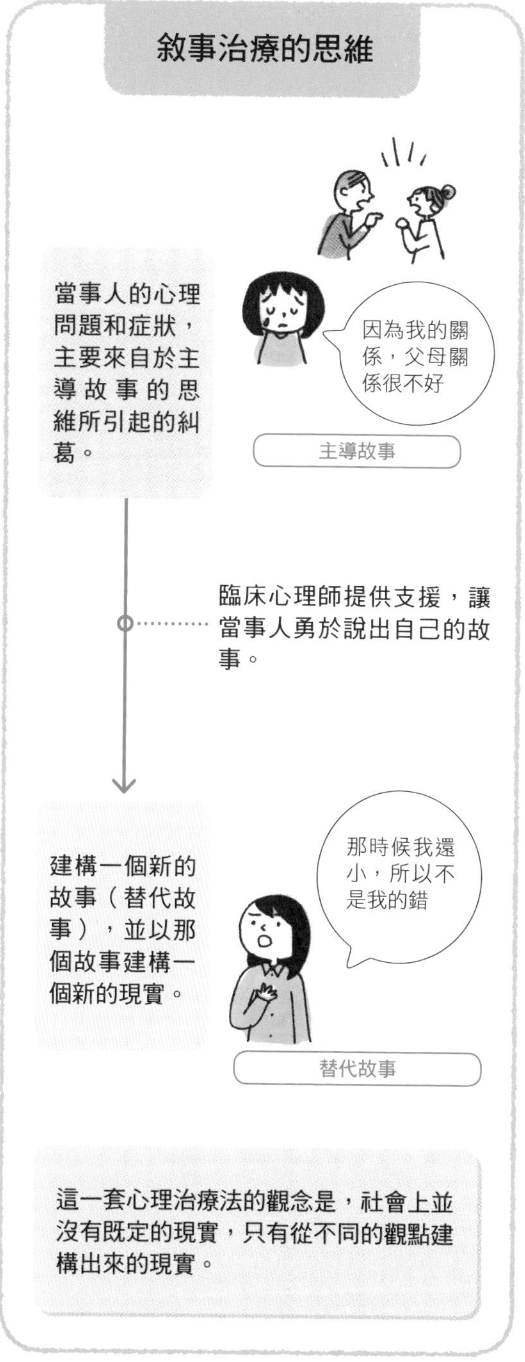
敘事治療的思維
當事人的心理問題和症狀，主要來自於主導故事的思維所引起的糾葛。
因為我的關係，父母關係很不好
主導故事
臨床心理師提供支援，讓當事人勇於說出自己的故事。
建構一個新的故事（替代故事），並以那個故事建構一個新的現實。
那時候我還小，所以不是我的錯
替代故事
這一套心理治療法的觀念是，社會上並沒有既定的現實，只有從不同的觀點建構出來的現實。

以及替代故事所賦予的全新意義。

介入的理論 17

動作治療

聚焦於某些動作，透過活動的體驗改善問題

活動身體的原理

「動作治療」是一種聚焦於案主動作的心理治療法[*1]。

這本來是一種訓練法，專門用來訓練不良於行的人。起初對腦性麻痺患者催眠，結果發現他們的動作有改善。催眠屬於心理現象，這也代表人類活動身體不只關係到生理和神經的運作原理，跟「心理」也大有關係。

後來，研究者想出了不必依賴催眠，也能持續療效的方法。也就是本人努力放鬆身上不必要的力氣，只在必要的部位用力，而患者也順利學會步行和其他動作。

現在也發現，對於身體沒有缺陷的自閉症兒童或過動症兒童，這一套治療法也有改善其行為的效果。目前已廣泛應用於思覺失調（➡P164）、逃學（➡P110）、PTSD（➡P142）、失智症（➡P98），還有處理兒童和學生的壓力。

動作治療的基本思維

所謂的「動作」是指意圖達成某種目的，並努力活動身體的心理活動。**臨床心理師要配合案主的狀況，準備好和動作有關的課題，讓案主努力實現課題，臨床心理師再從旁提供輔助**。這一套治療法還有分「動作訓練法」和「動作治

詳細解說！

*1 動作治療是九州大學名譽教授成瀨悟策發展出來的，屬於日本開發的獨特治療方式，也是動作法的一大理論系統。

*2 動作治療重視體驗，動作本身只是手段。案主在努力達成課題的過程中，會經歷許多體驗；體驗的樣式（如何體驗）遠比體驗的內容（體驗了什麼）重要。臨床心理師要提供適當的支援，讓案主獲得必要而有效的體驗。

療」[2]。前者以改善動作為主，後者以心理治療為主。

案主在達成課題的過程中，會面對自己行動不便的身體。藉由臨床心理師的支援跨越困難後，**案主會經歷許多跟動作有關的經驗，好比對身體的深入理解**，或是努力的方法等等。同時，也會體驗到成就感和存在感這一類的心理變化[3]。這些體驗在生活中也派得上用場，案主可以自己處理各種問題。

*3 把注意力集中在身上的動作，這種體驗稱之為「動作體驗」。至於成就感這一類的心理體驗，則稱為「共伴體驗」。

動作治療的觀念

動作和動作法的差異

動作　意圖 → 努力 → 身體運動

動作法　課題 → 意圖 → 努力 → 身體運動

所謂的「動作」，是指意圖達成某個目的，而努力活動身體的心理變化。動作法則是在執行動作的過程中，要留意課題的一種心理治療法。

動作法的例子

動作法有一種課題，是讓案主盤腿而坐。案主要專心放鬆身體，臨床心理師要觀察案主用力的部位，輕壓該部位緩解緊張狀態。案主體驗過放鬆狀態後，進行下一個課題，仔細去體會身體正中的軸心。藉由這些課題，案主可以深入了解自己的身體。

介入的理論 18

森田療法

旨在打破惡性循環，減輕精神官能症的症狀

日本獨特的心理治療法

「森田療法」是森田正馬在一九一九年開發的心理治療法，也是日本獨特的治療法。

這套療法主治社交恐懼、廣泛性焦慮症、強迫症、焦慮症等疾患，這些過去都被稱為精神官能症[*1]。**精神官能症的症狀，會因為兩三層「惡性循環」變得根深柢固**，森田療法便是基於這樣的觀念開發出來的。

精神官能症發作和惡性循環

森田療法的觀念認為，人類害怕身心患病是與生俱來的特質，這又稱為**疑病性**。由於人類具備這種特性，一旦太過在意身心產生的感受，就會產生**「精神交互作用」**，強化那種不適的感覺。於是乎，精神官能症便會發作。不但如此，如果當事人把症狀視為「不該存在」的問題，極力想要消除症狀，這樣的思考矛盾會造成惡性循環。

森田療法的目的在打破惡性循環，因此不會追究原因或控制焦慮[*2]。也就是**接受焦慮的狀態，不直接消除症狀（不問症狀）**。再來，不去理會情緒感受，而是敦促當事人去做自己辦得到的事情。如此一來，原本焦慮到無法行動的當事人，可以

詳細解說！

*1 過去被稱為精神官能症的疾患，現在改為「焦慮症」、「身體型疾患」、「解離症」、「情感障礙」等名稱（⬇P132）。

*2 森田療法之所以不追究症狀的成因，主要是關注和控制焦慮，反而會讓焦慮的情緒更加敏感，使案主陷入惡性循環中。況且，恐懼是真實欲望的一體兩面，消除恐懼也等於是在否定真實欲望。

在焦慮的狀態下採取必要的行動。

過去森田正馬進行介入時，是在他的家中進行住院治療，按照左圖的四大程序進行。案主在家庭環境中參與共同生活，嘗試打破惡性循環。近年來還有融入各種治療法，好比非住院治療（譯注：意指看診完回家，不必住院治療）、日記或通信療法、參加自助團體等等。

森田療法的觀念和介入程序

惡性循環的架構

人在某些情況下會心生恐懼，並擔心恐懼的狀況再度發生。當這種強烈的焦慮產生時，若一味否定恐懼只會造成惡性循環。

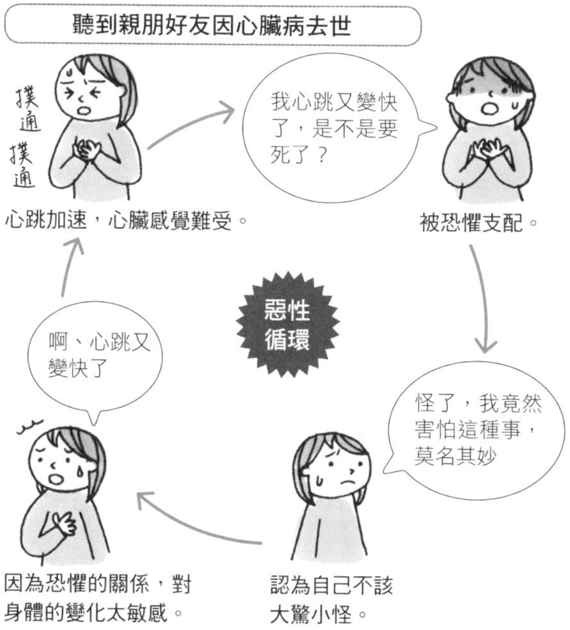

森田療法的流程

森田療法會依照下列四階段進行，目標是接受焦慮的心境。

第一階段	第二階段	第三階段	第四階段
絕對臥榻期	輕度作業期	重度作業期	生活訓練期
什麼都不做，一直躺在床上	從事輕鬆的作業	從事稍微辛苦的作業	練習回歸社會
一個禮拜	三天到一個禮拜	一個禮拜以上	一個禮拜以上

介入的理論
19

內觀療法

用「內觀」審查過去的事實，改變價值觀或人生觀

源自修行的方法

「內觀療法」和森田療法一樣，是日本少數獨創的心理治療法。這套方法是吉本伊信在一九六五年左右創立的。

淨土真宗有所謂的**「自省吾身」修行法，吉本伊信研究這套修行法，去除當中的宗教色彩，制定了內觀療法的框架。**現在日本的學校、醫院、少年感化院、監獄等設施，都有採用內觀療法。

內觀療法的執行方式和效果

施行內觀療法，有一個重點叫「集中內觀」[*1]。當事人要參加一個禮拜的住宿營，每天花十五小時內觀。**過程中要審慎思考，自己接受了親朋好友哪些協助，而自己又給了哪些回報，或是給他們添了哪些麻煩。當事人必須反思這三大具體事實。**這些親朋好友包括自己的父母、兄弟、配偶、子女、朋友等等。

內觀療法不直接處理心理症狀和問題，只透過內觀改變人生觀和價值觀。人生觀和價值觀改變以後，症狀和問題自然解決，這就是內觀療法的目標。

內觀療法主要有以下四大效果。

第一是效率性，嘗試一個禮拜可以獲得一定的成果。

第二是自我療癒，當事人能自行得到

詳細解說！

*1 除了集中內觀，還有所謂的日常內觀。透過集中內觀得到的體悟，要在日常生活中時刻內觀，以免遺忘。原則上要先做集中內觀，學到內觀的方法以後，才能開始進行日常內觀。

※本文所指的「內觀」與近年在台灣發展蓬勃，由西方科學家援引東方文化發展出來之正念（mindfulness）相關治療取向，在概念上不太一樣。因為有人也將正念譯為內觀，故特此說明。

體悟。

第三是改變觀點。誠如左圖，重新看待一件事實，有機會得到不一樣的認知。

第四是人格上的成長。好比發現自己道德有虧或人品不夠好的地方，接觸到內心最真誠的想法，進而帶動內在的變化。

內觀療法帶來的心理變化

重新反思「內觀三大項」，改變人生觀和價值觀。於是乎，心理問題也跟著消失。

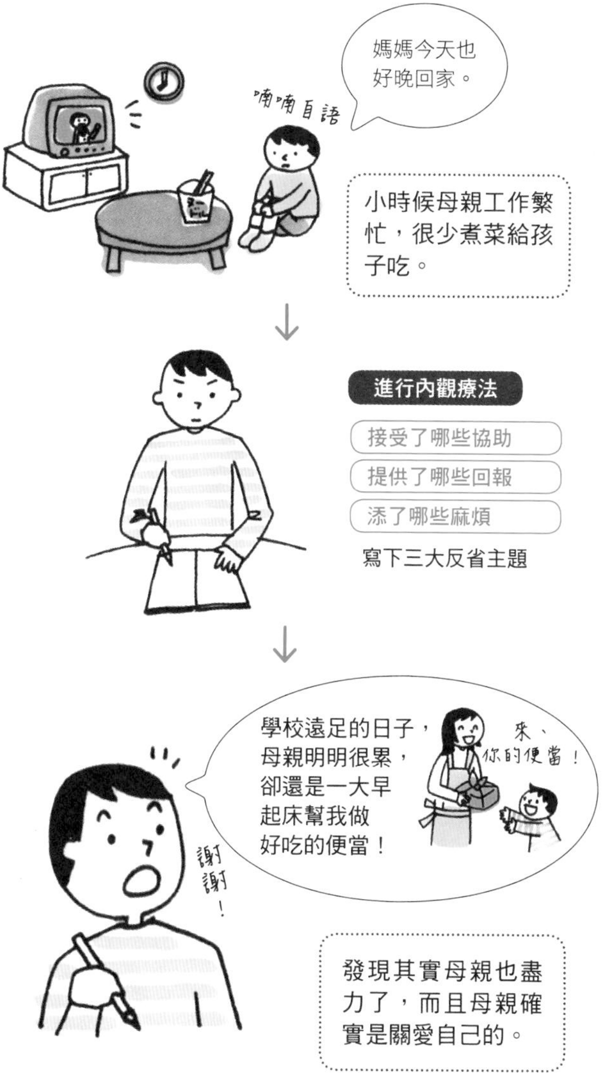
喃喃自語
媽媽今天也好晚回家。
小時候母親工作繁忙，很少煮菜給孩子吃。
進行內觀療法
接受了哪些協助
提供了哪些回報
添了哪些麻煩
寫下三大反省主題
學校遠足的日子，母親明明很累，卻還是一大早起床幫我做好吃的便當！
來、你的便當！
謝謝！
發現其實母親也盡力了，而且母親確實是關愛自己的。

介入個人的技巧 1

遊戲治療

用「遊戲」代替語言，幫助不擅長語言表達的兒童

遊戲的四大意義

凡事用遊戲進行心理治療的方法，都統稱為「遊戲治療」，主要適用於幼兒或兒童。大部分的心理治療，都是臨床心理師和案主用對談的方式進行。不過，小孩子的語言表達能力尚未成熟，沒辦法用這樣的方式治療。因此，遊戲治療是用「玩樂」代替語言。

遊戲治療有以下幾大特徵。

首先，**要配合每個小孩子的程度**，讓遊戲成為他們表達自我的手段。

其次，**遊戲治療含有人際關係的基本要素**。小孩子可以體驗到與人交往的喜悅，還有互助合作的喜悅，以及成就感等等。

再來是**促進孩子的發展**。刺激正在成長的部分，有促進發展的作用[*1]。

最後，**孩子在安全的遊戲中，有機會反省自我，或是做一些平常做不到的實驗**。

透過遊戲解決問題

臨床心理師在進行遊戲治療時，要把孩子在遊戲中表現出來的問題或心情，轉化成語言告訴孩子。如此一來，孩子會認清自己的問題，同時明白大人有好好了解他們的心情。

詳細解說！

*1 比方說，一歲左右的幼兒都喜歡大人做鬼臉，他們會預測大人即將做鬼臉，滿心期待看到大人的鬼臉。這可以刺激他們的理解力、記憶力、忍耐力、信賴感。

*2 假如小孩子每次都用玩具車製造車禍場景，這代表小孩子可能面臨極大的問題。這時候，臨床心理師要緊急停下玩具車，讓小孩子知道問題是可以避免的。

另外，小孩子經常會在遊戲中反覆表達疑問。對此，臨床心理師要提供解決疑問的模式[*2]。

臨床心理師要確保一個環境，讓小孩子學著解決問題，從遊戲中獲得療癒。

遊戲治療的進行方式

遊戲治療的規範

遊戲治療要根據下列四大規範進行，小孩子才能專注遊戲。

❶時　間—每次五十分鐘左右，每個禮拜一次或每個月一次。

❷場　所—要有一定的空間和隔音，最好是可以躺在地上的遊樂室。

❸玩　具—準備好適合拿來遊戲的玩具。

❹負責人—負責陪伴的人選要固定，這樣雙方才能一起深入探究課題。

臨床心理師在遊戲治療中的八大執掌

又稱為「愛思蓮八大原則」。

❶ 要和小孩子發展出溫暖親密的關係。

❷ 要接受小孩子最真實的樣貌。

❸ 要展現出和藹的氣氛，讓小孩子自由表達心情。

❹ 要細心感受小孩子的情緒，並且做出適當的反應，讓小孩子了解自身行為的意義。

❺ 要尊重小孩子有自行解決問題的能力。

❻ 臨床心理師只從旁輔助，不該反客為主。

❼ 要以和緩的方式進行介入。

❽ 要設下必要的限制，以免小孩子不適應現實環境。

介入個人的技巧 2

沙遊治療

在自由排布沙遊的過程中，慢慢改變案主的內心世界

製作沙遊的心理治療

「沙遊治療」是一種**以想像力為媒介的介入技巧**。現在被廣泛應用在各種領域，包括醫療、社福、教育、司法，從小孩到老人都能使用。

在進行沙遊治療時，會準備小型的人物、植物、動物、建築物等物品，案主可以自由擺放在沙盒當中。這是瑞士的卡爾夫發展出來的技巧，想法源自英國榮格派的心理治療師羅恩斐德的點子，日本則是由河合隼雄大力推廣。

沙遊治療的觀點和意義

沙遊治療的執行方式相當單純，但「挑選」大量的迷你物品，「擺放」在「沙盒」中的這個行為，可以讓案主獲得各式各樣的體驗。

比方說，從案主擺放物品的方式，能看出是哪一種「異物」，跟案主的世界觀或秩序觀合不來。換句話說，案主的症狀或煩惱會浮現出來。但**重點不是除去異物，而是融入異物，創造一個擁有全新秩序的世界觀**，這才是沙遊治療的用意*1。

另外，在沙盒中放入不喜歡的東西，對案主來說是一件痛苦的事情。臨床心理師在進行沙遊治療時，要去了解那種

詳細解說！

*1 案主在沙盒中做出快樂的用餐場景，這本身是符合秩序的場景。不過，如果案主受到鹹蛋超人吸引，在用餐場景中擺上格格不入的鹹蛋超人，這個異物就會侵害世界觀。不要除去異物，沙遊的世界會慢慢改變，進而改變當事人的內心世界。

痛苦。

沙遊治療要多次進行，一開始案主不喜歡擺放的東西，最後也放得下去了。

在反覆製作沙盒的過程中，這證明案主的內心世界有所轉變，煩惱和症狀也將獲得緩解。

沙遊治療的進行方式

沙遊治療要多次進行，並按照下列方式進行。

1. 準備一個52×72×7公分的盒子，倒入沙子。沙盒內部塗成水色，把沙子撥開就好像有水一樣。另外準備迷你的植物、動物、人物、岩石、建築物、交通工具等東西。迷你物品的種類和數量不固定，由臨床心理師決定。

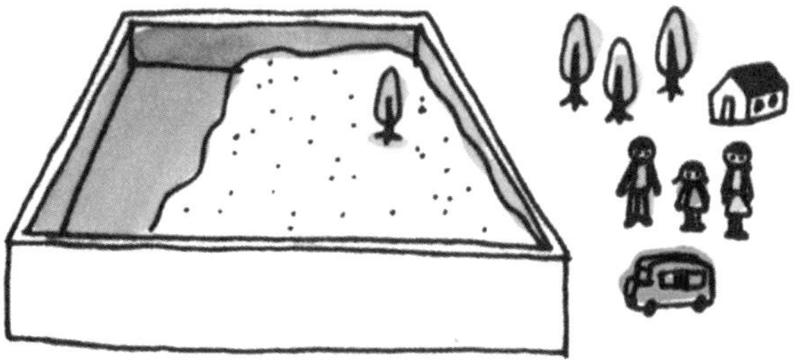

↓

2. 請案主從大量的迷你物品中，挑幾項自由擺放在沙盒中，製作沙盒。之後反覆製作，完成這一套心理治療。

↓

3. 起初，案主不喜歡在沙盒中放入「異物」。在多次進行沙遊治療後，終於可以放入了。臨床心理師不該只分析某幾次的作品，而是要把所有作品當成連貫的東西來理解。

介入個人的技巧 3

夢境分析

深度心理學重視夢境和潛意識的關聯，夢境分析為其重要的技法

夢境和潛意識的關聯

佛洛伊德的精神分析（⬇P174）和榮格的分析心理學（⬇P178）都有「夢境分析」，也就是透過夢境闡明心理問題。

深度心理學的創始者是佛洛伊德，他認為夢境是通往潛意識的通道，潛意識經過壓縮、變形、加工就成了夢境。他提出自由聯想法（⬇P177），讓案主自由談論跟夢境有關的話題。臨床心理師會分析夢境的內容，了解案主潛意識中壓抑的欲望，讓案主自己注意到這個事實。不過，佛洛伊德後來對自由聯想法的重視遠高於夢境。

榮格的夢境分析

榮格提出了分析心理學，他認為夢境是超越意識的存在，而且夢境想要傳達某些訊息給當事人。換句話說，夢境是比意識更高等的存在，會傳達未知的訊息[*1]。榮格和佛洛伊德對夢的看法形成對比，佛洛伊德認為夢境是隱晦不明的。

不過，**榮格和佛洛伊德也有共通之處，他們認為了解夢境和潛意識的關聯，深入探究和接受自己的潛意識，才是解決問題之道。**

在榮格的夢境分析的觀念裡，讓案主談論自身的夢境，同樣是心理治療的重

詳細解說！

*1 按照榮格的說法，夢境會傳遞未知的訊息，彌補有缺憾的自我。只不過，自我的程度難以直接理解更高層次的未知訊息。因此，夢境會在自我能夠掌握的範圍內，用最佳的方式來表達訊息。這種夢境的形式，在分析心理學中又稱為「象徵」。

點，但持續聯想的過程中不能偏離夢境的意象。臨床心理師要詢問案主對夢境的感想，使案主深入體會夢境的意象。

這樣才能了解夢境要傳達的訊息，利用夢境的自然治癒能力來解決問題。

佛洛伊德和榮格的夢境分析差異

同樣是夢到獅子，佛洛伊德和榮格的詮釋法不同。

佛洛伊德的自由聯想法事例

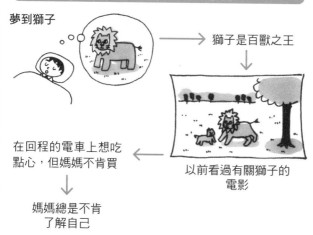

夢到獅子

→ 獅子是百獸之王

↓

以前看過有關獅子的電影

← 在回程的電車上想吃點心，但媽媽不肯買

↓

媽媽總是不肯了解自己

榮格的夢境分析事例

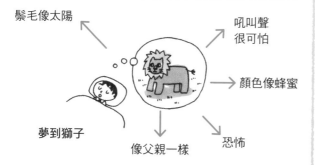

夢到獅子

- 鬃毛像太陽
- 吼叫聲很可怕
- 顏色像蜂蜜
- 恐怖
- 像父親一樣

佛洛伊德的自由聯想法，是採線性的方式聯想，進而推敲出壓抑的潛在欲望。榮格的夢境分析，則是遵循夢境的意象，用放射狀的方式聯想，同時了解夢境要傳達的訊息，善用夢境的自癒能力。

介入個人的技巧 4

聚焦（澄心）

一種接觸「深感」的技巧，體驗無法言傳但可意會的感覺

重視無法言傳的感覺

「聚焦」（Focusing，也譯為「澄心」）是一種重視身體感覺的介入方法，由芝加哥大學的詹德林在一九六〇年代創立。

詹德林一直想知道，在眾多的學派和技法當中，什麼樣的心理治療才是成功的方法，因此他舉辦大規模的實證研究，想要弄清楚治療的成敗因素。結果發現，治療成功的案主都有一個共通的傾向，那就是他們都有一種**只可意會、無法言傳的體悟**。

詹德林把這種體悟稱為「深感」，他**發現案主在體驗深感的同時，將體會到的感覺化為語言或意象，可以獲得全新的體悟**[*1]。最終詹德林創造出一套接觸深感的方法，也就是所謂的聚焦。

聚焦的方法和活用法

左頁介紹的「康奈爾五階段」，是聚焦法最具代表性的進行方式。這套方法可以獨自進行，但一開始找臨床心理師來聆聽會更有效果。

在進行聚焦的時候，案主可以對傾聽者說出自身的感受，但沒有必要講出自己的問題。案主自己就是內在問題的傾聽者。

詳細解說！

*1 案主當下體驗到的身體感覺或情緒變化，詹德林稱之為「體驗過程」。在專業的輔助下接觸深感，並在關注的過程中獲得新的體悟，這樣的過程才是廣義的聚焦。

聚焦法能用來解決問題、自我援助，或是活用在創造性的工作上。另外，也可以融合其他心理治療使用。

聚焦的五大階段

康奈爾提出了五大階段，要按照這五大階段進行。

❶ 關注身體內部

❷ 發掘或導出深感

深感有以下四大層面，從哪一種體驗都無所謂。
❶身體的感覺 ❷感情 ❸和生活的聯繫 ❹意象

❸ 將深感明確化（描述深感）

接受深感浮現，用最適當的語言、意象、聲音、動作來描述。

❹ 與深感同在

用「去同化・去解離」的方式，適應自己的深感。

內在深感的三種類型

❶同化　❷去同化・去解離　❸否定・解離

比方說，當事人產生難過的情緒，但不要受其影響（①），也不要否定（③）；而是當成自己的一部分（②），妥善適應難過的心情，並改變那樣的心情。

❺ 結束

介入個人的技巧 5

自律訓練法

發揮「自我暗示」功能的自我催眠訓練法

源於自我暗示的訓練法

「自律訓練法」是德國舒爾茲創立的一套技法。

自律訓練法的創立和「催眠」大有關聯。十九世紀末期德國的福克特發現，智商較高且受過一定催眠訓練的人，使用自我暗示的效果和接受他人催眠相去不遠。而這樣的特性也能應用在健康上。

這項研究對舒爾茲造成很大的啟發，他不斷進行實驗和臨床研究，創立了一套以身體感覺為重的自我暗示系統，這就是所謂的自律訓練法。

自律訓練法的執行方式和效果

自律訓練法的執行方式，誠如左頁介紹。一開始要先準備一個安靜的場所，解開壓迫身體的手錶或領帶，並脫下鞋子換上拖鞋。

「標準練習」包含七大階段，是自律訓練法的基礎。首先，要在心中反覆默念一句既定的台詞，這種台詞又稱為「公式」。之後，分階段進行所謂的被動注意集中[*1]。另外還有一種「默想訓練」，這是利用意象進行治療的訓練法。

自律訓練法有以下六種效果。

①消除累積的疲勞。

順便了解一下！

被動注意集中

[*1] 在執行自律訓練法時，特別看重注意力的集中方式。一般來說，注意力的集中方式是積極主動的。而被動注意集中則不同，要自然地把注意力集中在目標上。

②緩和情緒，心情不再暴躁。
③強化自我控制力，減少衝動行為。
④提升工作和念書效率。
⑤緩和生理或精神上的痛苦。
⑥學習內省，提升上進心。
這些效果有助於改善心理上的症狀。

自律訓練法的執行方式

首先要掌握基本的「標準練習」，再來要保持「被動注意集中」的態度，反覆默念「公式」語言。每天早中晚各練一回。

標準練習

背景公式（安靜練習）	「我的心情很平靜」
第一公式（重感練習）	「我的雙手雙腳很沉重」
第二公式（溫感練習）	「我的雙手雙腳很溫暖」
第三公式（心臟調整）	「我的心跳規律平穩」
第四公式（呼吸調整）	「我的呼吸很自在」或「呼吸很輕鬆」
第五公式（腹部溫感練習）	「我的肚子很溫暖」或「我的胃部一帶很溫暖」
第六公式（額部涼感練習）	「我的額頭很涼爽」

（註）有心臟疾病的人不能做第三公式，有呼吸道疾病的人不能做第四公式，有胃腸或十二指腸潰瘍，或是有糖尿病的人不能做第五公式。總之，請接受專家的指導進行。

姿勢

有三大姿勢，要輕鬆閉上眼睛來做

仰臥姿勢

仰躺在地

單純座椅姿勢

坐在沒有背靠的椅子上

安樂椅姿勢

坐在沙發或其他有背靠的椅子上

介入個人的技巧 6

暴露法

刻意面對焦慮和恐懼，試著去習慣那種狀況

面對焦慮的認知行為治療

「暴露法」是一種認知行為治療（⬇P184）的方法。

暴露法的觀念認為，**人類持續面對某種刺激，則該刺激導致的情緒反應會逐漸降低**。若某些狀況或刺激會引發案主的脫序行為或焦慮症狀，那就要讓案主想像那些狀況或刺激，或是實際去面對那些狀況或刺激。等案主習慣以後，就不會感到焦慮了。

暴露法會先徹底評估案主的問題，列出案主會在哪些情況下感到焦慮或恐懼。接著再從清單當中，依序列出最為惶恐到最不惶恐的項目，製作**主觀困擾評量表（SUDS）**，並以此為依據進行暴露法[*1]。

暴露法的種類

目前暴露法大體分為兩種方式，一種是**「漸進式暴露」**，也就是在短期內慢慢引導出某種特定的感情；另一種是**「持續、集中式暴露」**，這是在某個期間內，盡可能用強烈的方式集中引導特定的感情。暴露法當中極具代表性的技巧**「系統減敏法」**[*2]，就是漸進式暴露的一種方法。

詳細解說！

*1 SUDS被稱為主觀困擾評量表，也就是量化有自覺的焦慮和恐懼。完全放鬆的狀態是零分，感覺最為恐怖或焦慮的狀態，則為一百分。

*2 暴露法中最有名的系統減敏法，是沃爾普創立的技巧。這是利用「放鬆」和「焦慮」互相牴觸，慢慢減弱刺激和反應之間的聯繫，以減緩焦慮發生的狀況。

暴露法的代表性技巧

系統減敏法的進行方式

系統減敏法是暴露法當中最有名的技巧，進行方式如下。

第一階段　製作主觀困擾評量表（SUDS）

- 具體列出案主會感到焦慮或恐懼的刺激（狀況或物品），列出十到十五項左右。
- 依焦慮程度排列各個項目，製作主觀困擾評量表。

第二階段　掌握放鬆技巧

- 透過自律訓練法〔➡P214〕學習放鬆，掌握對抗焦慮的技術。
- 反覆進行身體的放鬆和緊張，直到身上的肌肉獲得放鬆的感覺。

第三階段　在放鬆的狀態下想起焦慮的情境

- 在徹底放鬆的狀態下，先想起主觀困擾評量表中最輕微的項目。
- 完全想起以後，照著主觀困擾評量表回答焦慮程度。若焦慮程度有下降，則跳到焦慮程度較高的項目。

主觀困擾評量表（SUDS）的範例

以下是交通事故導致PTSD的案主所製作的主觀困擾評量表。感覺最為恐怖或焦慮的狀態為一百分。

	SUDS
獨自開車經過事故現場	95
獨自開車	90
自己開車，讓妻子坐上副駕駛座	80
走過事故現場	75
看到交通事故的新聞	60
聽到車子開過的聲音	60
看到自己出車禍時搭乘的車款	50
跟妻子談論事故的話題	50
看到車子的照片	30

介入個人的技巧 7

催眠治療

利用催眠現象的心理治療法，也有用在臨床心理學以外的分野

催眠治療的歷史和效果

「催眠治療」是一種**利用催眠現象的心理治療法**。最早是十八世紀的維也納醫生梅斯梅爾使用的，十九世紀英國的外科醫生布萊德則奠定了催眠治療的基礎*1。

至於催眠是什麼樣的技術呢？左頁有介紹催眠的定義。在日本一般是採用成瀨悟策（⬇P200）的定義。

在催眠狀態下，人的意識會產生變化，比較容易下達暗示，可以進行平常難以達成的心理操作或體驗。另外，催眠也有放鬆的效果，有時候也會利用其放鬆效果。

催眠治療的分類和利用

依照不同的利用方式，催眠治療主要分為兩大類。狹義的催眠治療，是指利用催眠狀態本身具備的治療效果。相對地，**廣義的催眠治療，則是和其他心理治療合併使用，增進心理治療的效果**。

合併使用催眠技術的心理治療法，通常只用於臨床心理學的範疇。不過，催眠治療可以同時影響身心狀態，因此除了用於內科、外科、麻醉科、牙科、婦產科、皮膚科等醫療領域以外，也有活用在運動、藝術、教育、美容等分野。

詳細解說！

*1 據說，古代人已經懂得用催眠治病，但梅斯梅爾是第一個用科學方法進行催眠治療的人，布萊德則奠定了催眠治療的基礎。在心理治療的歷史中，催眠治療有最深遠的歷史背景，佛洛伊德也從催眠中獲得啟發，開創了精神分析（⬇P174）。還有各種理論和技巧也是衍生自催眠治療，好比自律訓練法（⬇P214）、想像治療、動作治療（⬇P200）、家庭治療（⬇P188）、短期心理治療等等。

催眠治療的基礎

何謂催眠狀態

催眠狀態是一種人為引發的狀態，在各種層面上與睡眠類似，但與睡眠有明顯的區別；再者，處於這種狀態容易接受暗示，意識的狀況也不同平常。因此跟清醒時相比，更容易引發運動、知覺、記憶、思考上的異常狀態。這就是催眠狀態的定義。

（成瀨悟策下達的定義）

比方說，利用催眠矯正菸癮、藥物成癮、失眠、夜晚頻尿等問題，或是利用暗示的效果緩解癌症或其他疾病的痛楚。

催眠治療的例子

現在你眼前有香菸。

你看到香菸也不會有任何感覺。

你完全不會想抽菸。

催眠治療的種類

狹義的催眠治療

暗示催眠

利用直接暗示或間接暗示，緩解或消除症狀。

放鬆催眠

利用催眠時的意識狀態，達到放鬆或紓壓的效果。

想像催眠

合併使用暗示或想像中的體驗，達到放鬆或全新的體驗，改變情緒或行為。

廣義的催眠治療

精神分析與催眠的折衷法

例如催眠分析、情緒聚焦、自動書寫、年齡回溯等等。

行為治療與催眠的折衷法

催眠暗示制約、催眠減敏療法〔➡P216〕。

認知行為治療與催眠併用

利用催眠治療肥胖、失眠、焦慮、高血壓等等。

介入個人的技巧
8

認知復健

利用訓練恢復受損的腦部功能，目前也用來治療精神障礙

利用訓練恢復受損的腦部功能

所謂的「認知復健」是用訓練的方式，逐步緩解腦部損傷造成的障礙[*1]。這又稱為認知訓練。

據說，在腦部受損的情況下，恢復神經系統功能主要有以下兩種方法。

第一種方法是**「重新建構」**，某些體驗會影響到神經系統，而我們本身具有恢復神經系統架構的可能性。

第二種方法是**「重新組織化」**，神經系統的機能發生問題後，直接採用其他操作方法來代替原有的機能，而不是用同樣的方法力圖恢復。換句話說，就是用新的程序和機制來達到跟以往同樣的功效。

認知復健會透過訓練強化這兩大機制。

應用於精神障礙

認知復健不只用於神經醫學領域，現在對精神科的思覺失調（⬇P164）似乎也有效果。根據臨床實驗結果，思覺失調造成的認知障礙獲得改善，案主的社會性機能和社會適應力也有某種程度的好轉。然而，這一套方法也有幾個問題，好比在案主不穩定的狀態下，或是有重度認知障礙的情況下，認知復健並不適

詳細解說！

*1 認知復健的重點，主要放在達成課題的能力，還有專注於特定事物的能力，以及語言的記憶能力。適用的障礙相當多元（⬇P66神經心理學測驗）。

順便了解一下！

認知復健和認知行為治療的差異

*2 認知復健和認知行為治療類似，但認知行為治療的重點放在案主對自我和社會環境的認知，認知復健的重心則放在實際的

用。（編注：現今臨床神經心理學研究與實務結果發現，即使案主的狀態不穩定，或是有重度認知障礙，透過認知復健仍有改善效果。）

認知復健用來治療精神障礙才剛起步，關鍵在於要跟其他治療方法一起應用，當作綜合治療程序的一環[*2]。

訊息處理程序。

認知復健的基本進行方式

第一階段 評估

透過行為觀察〔➡P54〕或神經心理學測驗〔➡P66〕，了解認知相關的障礙。

↓ 進行診斷，並排定訓練計畫。

第二階段 介入

針對患者低落的認知機能，進行認知復健的訓練。

↓

第三階段 評估介入的效果

透過行為觀察或神經心理學測驗，了解認知訓練的效果。

↓

沒有足夠的效果，則重回第一階段。

認知復健和其他臨床心理學的實務活動一樣，都是按照評估→介入→評估介入效果的程序進行的。

介入個人的技巧 9

自我主張訓練

練習用適當的方式表達自己真正的心情

民權運動下的產物

「自我主張」是一九六〇年代，**美國民權運動下所衍生的自我表現手法**。由於弱勢族群利用這套方法替自己發聲，因此也備受矚目[*1]。

所謂的自我主張，**就是用合宜的方式，盡可能直率地表達自己的心情和意見，說出自己對其他人的要求**。

三種自我主張

誠如左頁圖示，在進行自我主張訓練之前，要先學習三種自我主張方式。人類在溝通的時候，往往會顧慮他人感受，而不敢表達自己的意見；也有人不顧他人的意見，只顧表達自己的主張。前者屬於非主張的表達方式，後者屬於攻擊性的表達方式。左圖有列出這些表達方式和自我主張行為的差異。

不是要求對方按照自己的意思行動，而是尊重自己和對方，尋找一個彼此都能接受的溝通方式，這才是表達自我主張的第一步[*2]。

理解這種自我主張的溝通方式後，再來思考不同場合該用哪種適當的表達方式。或是實務角色扮演（⬇P182），摸索正確的自我主張手法。

近年來，自我主張訓練有多元的發

詳細解說！

*1 經歷過美國民權運動後，人們明白人類與生俱來都有表達自我主張的權利，這也是自我主張一說誕生的時代背景。每個人都有不同的價值觀和思維，表達自己的價值觀和思維乃是基本人權，這就是自我主張的理念。

*2 人類不會永遠保持一樣的言行舉止，在面對特定的對象或狀況時，要表達自我主張並不容易。了解自己固定的行為模式，有機會學到新的自我主張手法。

展，適用的職業種類和年齡層各不相同。比方說，從事醫療、社福、心理相關的人士，可能跟支援的對象有溝通上的問題，而產生「工作倦怠」之類的心理問題。自我主張訓練有助於預防這些問題。

自我主張的溝通模式

面對某些對象或情況，我們可能會採用非主張或攻擊性的表達方式來溝通。自我主張的溝通方式，跟這些溝通行為有明顯的不同。

其實我不喜歡，但我不敢講
無論如何我就是要這樣做！
我是這麼想的，妳認為如何？

非主張的表達方式	攻擊性的表達方式	自我主張
不敢說出自己的心情。「你OK 但我不OK」	單方面說出自己的心情，不顧對方的意見。「我OK 但你不OK」	老實說出自己的心情，同時也確認對方的心情。「我OK 你也OK」
服從	支配	尋找共識
交給對方決定	向對方下達指示	互相合作
以他人為本	以自己為本	雙方協調
否定自我	否定他人	尊重彼此
卑微	傲慢	率性
內向	逞強	老實

出處：平木典子《圖解・表達自我主張的技術》二〇〇七年PHP研究所出版

在表達自我主張時，必須保有自尊心。了解自己的感受、接受自己的感受，並且重視那些感受，才會有表達自我主張的意願和想法，這也是自我主張的原動力。

介入團體或社會的技巧 1

團體治療

透過人際關係或相互作用解決問題

利用團體的作用進行治療

「團體治療」顧名思義，是一種**治療團體的心理治療法**。一九〇五年，波士頓內科醫生普拉特召開「肺結核患者團體課程」，據信這就是團體治療的前身[*1]。

團體治療就是把有同樣問題的案主聚集起來，透過溝通或特定的活動，引發團體之間的相互作用，達到心理上的輔助效果。**一對一的心理治療，不會有案主之間的交流互動，也不會有類似反應，這就是團體治療的特色**。另外，團體治療不只能解決心理問題，如果案主有人際關係或無法適應團體的煩惱，團體治療也能提升他們的交際能力，促進其內在成長，是一種意義非凡的方法。臨床心理師則擔任促進者[*2]，引導整個團體。

團體治療的種類

依照不同的目的，有不一樣的團體治療方法。有的追求案主的心理成長，有的旨在矯正症狀和脫序行為，也有改善人際關係的類型，目的各有不同。另外，團體規模也有四到五人的小團體，乃至三十到五十人的大團體。治療期間也不一而足，通常是持續性的短期治療、長期治療，還有限定期間的方法。

此外，治療對象的年齡、教育要素的多

詳細解說！

*1 到了一九三〇年代，由於大蕭條等社會問題爆發，團體治療也有了更進一步的發展。眾多臨床心理師不斷嘗試實驗性的團體治療，他們發現對許多案主來說，團體治療和個人治療一樣有效。

*2 促進者要觀察成員的反應，推動療程進行。

寡、介入要素的多寡，這些諮商內容的差異，也會造成團體的形式或傾向殊異。

左圖是比較具代表性的團體治療法，森田療法（⬇P102）或SST（⬇P234）等技巧也算是團體治療法的一種。

團體治療的種類

不同的研究者創立了不一樣的團體治療方法，主要的方法和特色如下列所示。

代表性的團體治療		特色
團體心理治療		在既定期間內決定好集合時間和地點，讓每個人的治療獲得改善。
密集團體體驗	會心團體	這是羅傑斯提倡的手法，在某段期間內留宿，集中進行團體治療。有分自由度較高的基本會心團體，以及建構式會心團體，後者屬於一種預防性和開創性的諮商技巧。
密集團體體驗	訓練團體	雷文研究團體動力學（研究團體中的成員如何互相影響的學問）所衍生出來的技巧。屬於一種體驗學習，主要學習人際敏感度和人際關係。廣義的訓練團體，泛指所有人際關係的訓練。狹義的訓練團體則是指團體課程。
心理劇		莫雷諾創立的技巧，讓當事人演出內心的問題，採用即興演出的方式表演。
團體諮商		主要服務比較健康的對象，協助小規模的團體解決人際關係或適應上的煩惱。

目的不同也會改變團體的結構，例如治療的對象、期限、團體規模、疾病、年齡也會有所改變。

危機介入

案主陷入人生危機時，務求盡快解決的介入手法

何謂危機介入

所謂的「危機介入」，是**替危機狀態的案主提供心理上的支援**。

這一套技巧源自卡普蘭的「危機理論」。卡普蘭對危機狀態的定義是，**當事人面對重要目標無法達成的困境，而且使用習慣的解決方法，依然無法克服問題**。

這種無法達成重要人生目標的困境，又稱為難題發生狀況*1。這時候，使用過去學到的處置法也難以解決問題，這就陷入了危機狀態。每個在社會上打滾的人，都有可能遇到危機狀態。

左頁是男子退休後持續處於抑鬱狀態，必須進行介入的案例。危機介入不只處理內心的問題，同時還要調查可用的服務，安排一個具有各種資源的環境，提供多方面的協助。

危機介入的理論

危機介入反映了社區心理學（⬇P194）的觀念。在地方社區中，健康人士偶爾也會遭遇危機狀態，危機介入就是應對的方法，跟重視個人內在的個人治療法不同。**講究速效性，目標是用最基本的介入盡快解決問題**。

因此，要站在使用者的立場，檢討社

詳細解說！

*1 難題發生狀況是指生命週期中的發展課題，或是偶發的事件。好比升學、戀愛、就業、結婚、生子、小孩獨立、退休等等，這些人生的關鍵時期，需要全新的處置方法。另外生病、意外、犯罪、天災、戰爭等動搖和平生活的偶發事件，也會產生危機狀況。

區的服務系統，這樣有問題才能立刻使用。危機介入也可以提高社區的危機處理能力。

危機介入的範例

在生命週期的關鍵時刻，有可能遭遇危機狀態。這種情況下，臨床心理師不只該提供案主心理上的支援，還要利用社區的人力或服務，從多方面來處理問題。

提供心理支援
尋求親朋好友的協助
退休後持續處於抑鬱的狀態
介紹社區服務（例如銀髮就業活動、休閒活動、社團活動等等）
介紹醫療機構，在必要時提供藥物治療

介入團體或社會的技巧
3

諮詢

其他專家提供支援，共同解決案主的問題

支援其他領域的專家

「諮詢」是衍生自社區心理學的一套思維。

為了幫助其他專家有效解決案主的問題，特定的專家必須根據自身的專業知識，提供有用的資訊，這樣的互助關係就稱為諮詢。假設有兩位專家，提供支援的那一方稱為**諮詢者**，接受支援的一方稱為**求詢者**[*1]。以左頁為例，學校老師負責處理霸凌問題，提供支援的校園心理諮商師就是諮詢者，老師則是求詢者。

諮詢的特色和意義

臨床心理師單獨一人，對整個社區的支援力度有限。因此，同一個社區中的成員，要成為彼此的諮詢者互相支援，這一點非常重要[*2]。

另外，根據社區心理學的觀念，**地方上的成員才是支援地方社會的主體**。有心理問題的人，不是依賴臨床心理師就好。而是要在日常生活中接受各方的支援，才有解決問題和提升生活水準的效果。

詳細解說！

*1 諮詢者應該尊重求詢者的主體性，求詢者也不該過於依賴諮詢者。

*2 有了專業的諮詢者提供支援，增進社區成員解決問題的能力，就可以達到早期發現問題、早期解決問題的效果，進而預防問題發生。

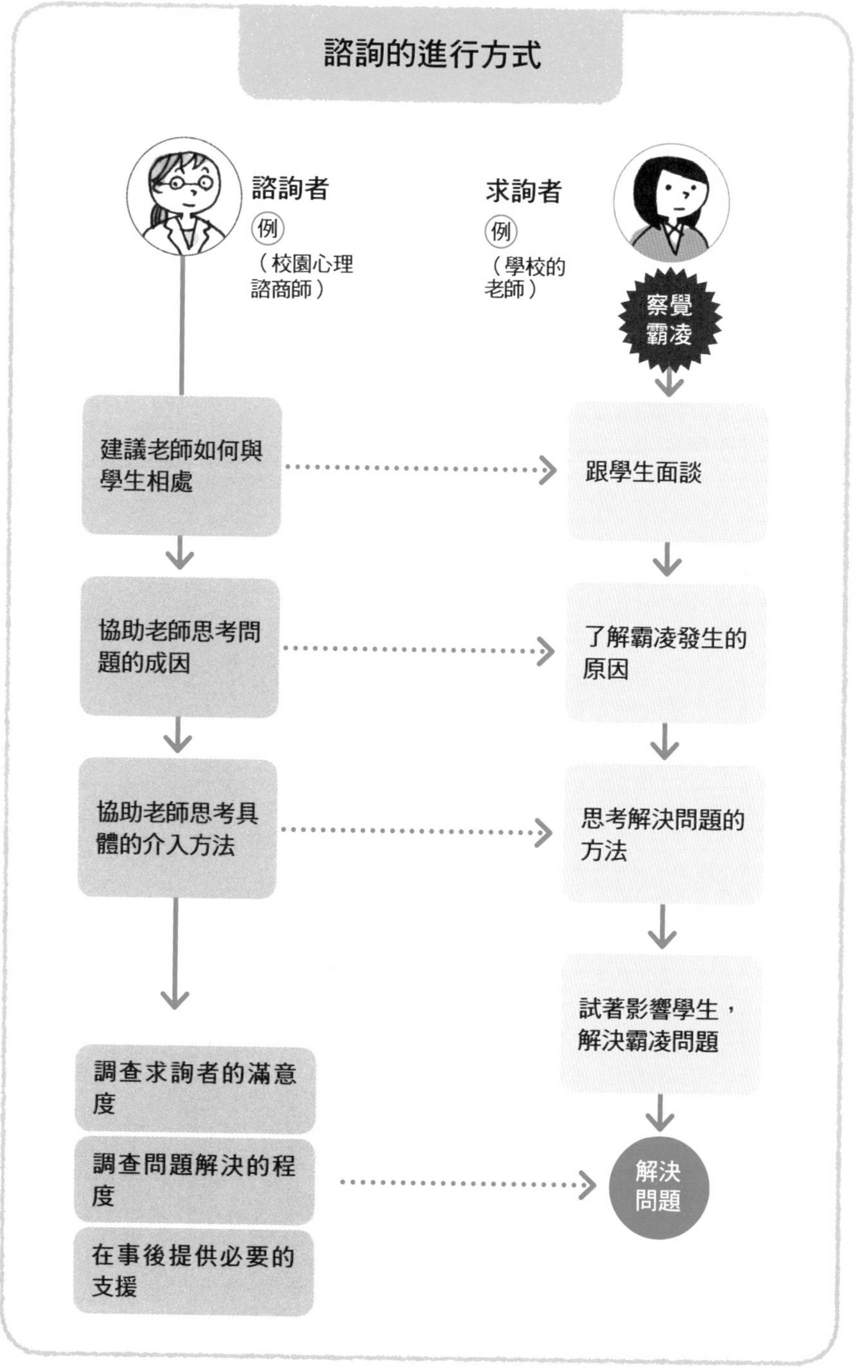
諮詢的進行方式
諮詢者
例
（校園心理諮商師）
求詢者
例
（學校的老師）
察覺霸凌
建議老師如何與學生相處
跟學生面談
協助老師思考問題的成因
了解霸凌發生的原因
協助老師思考具體的介入方法
思考解決問題的方法
試著影響學生，解決霸凌問題
調查求詢者的滿意度
調查問題解決的程度
在事後提供必要的支援
解決問題

介入團體或社會的技巧 4

轉介和協調

把案主介紹給其他專家或機構，以提供更好的支援

多元的合作方法

提供地方社區支援的時候，必須和其他領域的專家或專業機構合作，建立一個互相支援的關係網。前面也有介紹過，互助方法除了協同合作〔➡P42〕和諮詢〔➡P228〕以外，還有各種不同的形式。

其中一個方法就是**「轉介」**，也就是把案主介紹給其他專家或專業機構。協同合作是不同領域或立場的專家互相合作，由整個團隊一起提供支援。轉介則是直接交由其他專家，而不是在交換資訊的情況下繼續合作。

有必要就轉介其他專家

誠如左頁圖示，專業醫師認為自己的患者比較需要臨床心理師的支援，而非精神科的相關治療時，就會把患者介紹給臨床心理師，這就是所謂的轉介。反之，臨床心理師認為案主的問題超出自身能力範圍，也該盡快轉介給其他專家，這一點十分重要。

另外，臨床心理師在提供心理治療時，可能會需要配合藥物治療。這種情況下，要先徵詢案主的意願，再請精神科醫生提供藥物治療，這又稱為**「協調」**。

詳細解說！

*1 臨床心理師在進行實務活動時，協調是安排系統組織不可或缺的技能〔➡P26〕。

這時候，臨床心理師和精神科醫生，要積極交換資訊來討論未來的方針，並且調整案主接受的服務。不過，實際提供支援則是各自進行[*1]。

轉介和協調

轉介和協調的差異如下所示。

轉介的形式 所謂的轉介，是把案主介紹給其他的專家或專業機構。

(例) 醫生認為案主需要心理上的支援，因此把案主介紹給臨床心理師。

協調的形式

所謂的協調，不只是把案主介紹給其他專家或機構，同時還要跟那些專家或機構積極交換資訊。如此一來，雙方可以調整案主所受的服務。

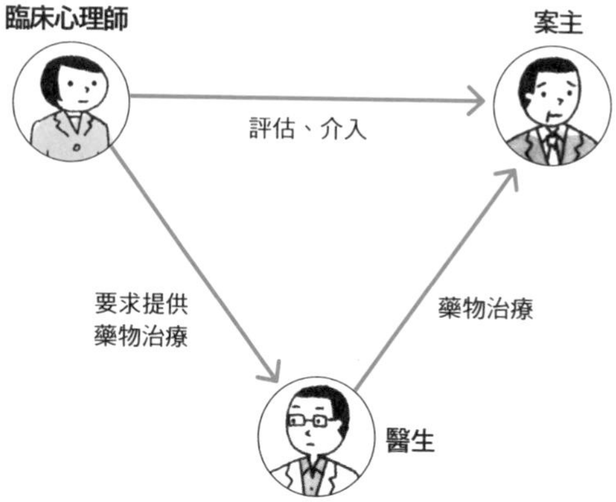

(例) 臨床心理師先徵詢案主的意願，再跟醫生一同商量今後的方針，要求醫生提供藥物治療。

介入團體或社會的技巧 5

心理衛教

針對問題和疾患，共享支援和介入的資訊，多半用於團體

共享問題或疾患的資訊

「心理衛教」是用來提供某些問題或疾患的知識，或是提供支援和介入的資訊。**有些病人和家屬很難接受精神障礙或愛滋病等疾患，心理衛教可以幫他們了解疾患或障礙所引起的各種問題，並教導他們應對的方法**[*1]。

臨床心理師不只透過心理衛教提供必要的資訊，同時還要提供輔助，讓地方上的成員主動利用各種照護計畫，學習如何過上自在的生活。換句話說，心理衛教也是賦權（⬇P40）的一環。

心理衛教的進行方式和利用方法

心理衛教有一對一進行的情況，但多半是團體一起召開學習研討會。心理衛教不只是提供參加者資訊，參加者還能互相交流。對團體進行心理衛教時，也能活用這樣的優點。如此一來，**參加者可以互相支援，一同探討解決問題的方法，想出更多有效的解決辦法**。

心理衛教被用來處理各種問題和疾患，好比思覺失調（⬇P164）或憂鬱症（⬇P160）等精神障礙，也有活用心理衛教[*2]。另外，近來企業和學校也很重視心理健康，因此也會提供一般的心理

詳細解說！

*1 心理衛教盛行主要有幾個原因。首先，人民有獲得醫療資訊的權利，這已經是一種重要的社會觀念。其次，現在解決疾患和問題的方法多元化，了解越多就有更多種選擇。強化當事人和家屬解決問題的能力，也能降低復發的機率，降低醫療成本的支出，這些效果都已獲得證實。

*2 另外還有用來解決躁鬱症（⬇P162）、飲食障礙（⬇P148）、繭居（⬇P116）、PTSD（⬇P

心理衛教探究的主題

心理衛教主要探討下列主題，參加者會共享相關的資訊。

- 症狀或病況
- 症狀或問題發生的原因
- 預後
- 心理治療或藥物治療的相關知識
- 社福的相關支援資訊
- 解決問題或治療症狀的相關知識

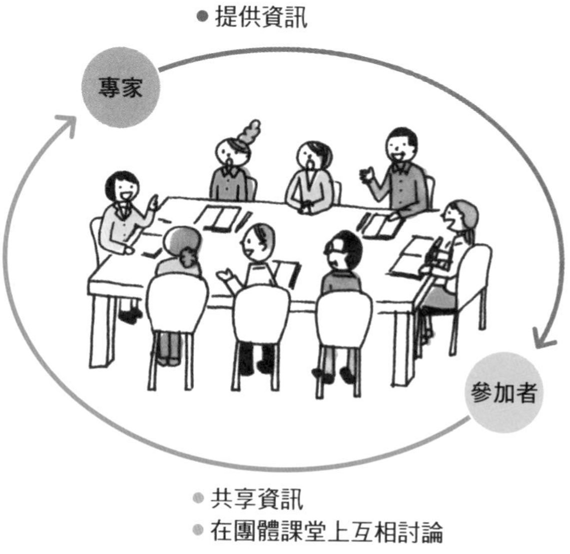
提供資訊
專家
參加者
共享資訊
在團體課堂上互相討論

醫生和臨床心理師不該單方面提供知識或專業概念，而是要引導當事人和家屬，讓他們感覺生活和知識息息相關，且問題確實有改善的希望，這一點非常重要。

衛教，預防各種心理問題，促進心理健康。

142〕等等。

介入團體或社會的技巧
6

SST（社交技能訓練）

支援案主學習社會生活的必備技能

學習社交技能的一種方法

「SST（社交技能訓練）」又稱為社會技能訓練、生活技能訓練。**這是一種行為治療和認知行為治療的方法，旨在提升案主參與社會生活的必要技能，學習妥善處理各種狀況。**

這一套方法過去在日本推廣，主要是用來支援思覺失調患者，以及廣泛性發展障礙的患者（➡P102）*1。

SST其實是一種思維，提示介入和支援的方向性，並沒有固定的進行方式，這一點跟許多心理治療法不同。**為了達成案主的目標，會應用各式各樣的技巧。**

SST的訓練方式

SST被用來處理各種症狀和問題，但都有一個共通點，就是幫助案主正確學習必要的技能，或是還沒學到的技能，避免錯誤的學習方式。

SST有時候會個別進行，但多半用於團體作業。主要對有疾患或有問題的當事人實施，也會對家屬實施。

實際的技能訓練，不只是學習技能的使用方法，當事人還要思考自己該怎麼做，以及實際該怎麼行動，前者屬於「認知」層面，後者屬於「行為」層面。另外，在眾多解決方法中挑選最恰當的方法，

詳細解說！

*1 另外，還有用來處理亞斯伯格症候群（➡P102）、AD／HD（➡P106）、學習障礙（➡P104）等等。

*2 關於團體SST，不一定只有身負障礙的人能參加，也有團體願意接受各式各樣的參加者。至於要探討哪些主題、如何調整參加者的關係，也會依照不同的情況進行審慎的準備工作。

這屬於「判斷」的層面，也非常重要。從各個層面檢討後，再利用角色扮演等方法來做實際的行動練習[*2]。

訓練發展障礙兒童的例子

SST並沒有固定的手法，遇到不同的問題和障礙，有不一樣的解決方法。對AD／HD等發展障礙的兒童或學生，就會針對下列的領域使用相關的技巧。

訓練領域	具體技巧
參與團體的行為領域	●了解規則、遵守規則 ●執行個人執掌 ●了解狀況
語言的溝通領域	●專注聆聽 ●表達 ●提問、答話 ●討論 ●對話 
非語言的溝通領域	●認知表情 ●使用肢體動作 ●了解身體感覺
情緒性的行為領域	●了解自己的感情 ●了解他人的感情 ●同理心
自我和他人的認知領域	●認識自己 ●認識他人 ●認識自己和他人

重要關鍵字 2

各國政府的自殺防範對策

日本連續十年自殺人數超過三萬人，這個數字是交通事故身亡者的五倍以上。自殺人口多為中年階層，但近年來年輕人自殺也有增加的趨勢。尤其現在就業困難，就業失敗自殺的案例迅速增加，二〇一一年度大學生自殺多達一百五十人，是二〇〇七年的二・五倍。

有鑑於此，日本政府制定了自殺對策基本法，還設立了自殺暨憂鬱症對策小組。同時，也要求改革精神科醫療，提升診療的品質，推廣認知行為治療，強化醫療體制關懷自殺未遂的人。這些手段都是要打造一個健全的醫療供給制度。

防範自殺對世界各國來說都是重要的課題。

美國很早就在安排自殺防範對策，首先是分析介入對象的各種風險，排定有效率的介入計畫。校園的自殺防範教育便屬此類。

芬蘭本來也是自殺率極高的國家，但在一九八六年成立了自殺防範國家戰略計畫，並付諸實行。一九九〇年每十萬人口有三十・四人自殺，到了二〇〇二年降為二十一・一人，減少了將近百分之三十。

英國在二〇〇二年發表國家自殺防範戰略，預計在二〇一〇年以前，將自殺人口減少百分之二十。英國的自殺防範戰略包含四大理念，也就是根據「涵蓋性」、「重視實證」、「明確性」、「評鑑」，訂立六大目標。第一是減少可用於自殺的方法，以及可用於自殺的設備或設施，第二是減少高風險族群的風險，第三是保持國民心理健康，第四是提供優良報導，第五是持續進行研究，第六是進行自殺監控。而這些目標又有細分各種行動指標，根據二〇〇八年八月一日的年度報告，二〇〇四年到二〇〇六年的平均自殺死亡率，降到每十萬人僅有八・三人自殺，而且人數還在持續減少。

PART 6

介入社區

介紹臨床心理學在地方社會的活動。

本章主題

- 在社區進行的活動

教育範疇的社區活動 1

教育諮商

幫忙解決教育界的問題，主要有四大領域

教育界的實務活動

教育界和醫療第一線同樣，從以前就是臨床心理學的社區實務領域。在教育界的實務活動又稱為「教育諮商」，誠如左頁圖示，主要提供相關支援，解決學生或兒童的問題。

教育諮商的四大領域

教育諮商分為四大領域，分別是「**校內教育諮商**」、「**在自治體或教育委員會管轄的教育諮商設施提供援助**」、「**校園心理諮商師**」（⬇P240）、「**特別支援教育**」（⬇P242）。

校內教育諮商除了由學校的心理諮商人員實施以外，也會由班導、訓導、保健人員、教師來進行[*1]。老師跟學生的相處時間較長，更容易發現學生的變化，有早期發現、早期處理的優勢。另外，學校保健室的職責也相當重要。某些學校同意讓不想進教室的學生到保健室上課學習。

在學校不好商量的問題，可以到自治體或教育委員會管轄的教育諮商設施商討[*2]。再者，各教育委員會也有安排教育支援中心（適應指導教室），幫助那些逃學的學生。到教育支援中心上課，也能獲得畢業所需的學分。而在教育支援中心，臨

詳細解說！

*1 根據文部科學省的定義，教育諮商是學生指導的一環，所有教職人員都應該擁有心理諮商師的技能。

*2 教育委員會管轄的公共諮商機構，主要有兩大諮商途徑，一是監護人或本人提出申請，二是學校介紹或提出委託。

床心理師主要擔任諮商專員。

此外，學生逃學的原因沒解決，**適應指導教室就會成為學生唯一的避風港，等升學以後又會遇到同樣的問題。**因此，適應指導教室不能成為學生唯一接觸的社會環境。

校園的教育諮商

兒童和學生是教育諮商的對象

在校內需要教育諮商的，通常是下列兒童。

1 需要特殊關照或支援的兒童

由於行為上有問題，在校內需要特別的關照或支援，這時就要進行教育諮商。

2 在日常生活中遭遇挫折或煩惱的兒童

在成長過程中碰到常見的煩惱，或是經歷挫折的兒童，也是教育諮商的服務對象。

面對有心理問題的學生，保健室的職責如下

保健室是心理有問題的學生比較願意造訪的地方，因此保健室有下列的職責。

逃學學生	保健學生心靈，讓學生做好上學的準備
被霸凌的學生	提供心靈療癒和保護
患有焦慮症或其他精神障礙的學生	讓學生接受治療後，有一個復健的地方

教育範疇的社區活動 2

校園心理諮商師

提供學生、家長、老師諮商服務，解決逃學或霸凌問題

導入的背景因素

日本教育界在一九六〇年代左右，開始重視學生逃學的問題（⬇P110）。之後校園暴力橫行，霸凌手法日益陰險，且有犯罪化的趨勢（⬇P112）。

有鑑於此，**一九九五年日本文部省（現今的文部科學省）開辦「活用校園心理諮商師之調查研究委託事業」**，並在公立中學安排臨床心理師，擔任校園的心理諮商人員。

工作內容與今後展望

校園心理諮商師的工作，首要是進行**面談**。也就是用各別面談或團體面談的方式，服務那些有問題的學生或家長。

其次是**諮詢**（⬇P228）和**協調**（⬇P230）。校園心理諮商師會活用臨床心理學的知識，幫助教師或學生解決問題[*1]。這就是所謂的諮詢，協調則是調整和校外專業機構合作的方式。好比和兒童諮商中心、民生委員[*2]合作，有需要的話，甚至也要跟警方或醫療機構合作。近來，小學、中學、高中之間的合作也廣受矚目。

只不過，校園心理諮商師一個禮拜不見得會到校一次，學生多半不知道有這種職缺和服務可用。因此，校園心理諮

詳細解說！

*1 臨床心理學的實務活動很重視「保密義務」，但校園的心理諮商應該由校方保護學童的秘密和隱私，這種「校園全體的保密義務」的觀念也蔚為主流。

順便了解一下！

民生委員

*2 民生委員是日本厚生勞動大臣囑託的無給職諮商輔助職缺，必須站在各地居民的立場提供諮商服務，給予必要的援助。民生委員也兼任兒童委員的

商師應該增設諮商信箱，或是用其他**宣傳手法**，讓學生可以多多利用。

設置校園心理諮商師的時代背景

學校心理諮商的制度，也顯示了校園內部的諸多問題。因此，一九九五年日本一百五十四間學校搶先試辦。到了二〇〇六年，日本各公立小學、中學、高中加起來，共有一萬間學校有安排校園心理諮商師。

1960年～

- 學生逃學
- 校內發生暴力事件
- 霸凌問題日益陰險、有犯罪化趨勢

↓

1995年
- 開辦「活用校園心理諮商師之調查研究委託事業」（當時的文部省）。
- 日本一百五十四間學校搶先試辦。

上述事業興辦後，終於有了一套制度，可以讓教師和心理諮商員聯手解決學童問題。

教師 ←合作→ **校園心理諮商師**

教師：
- 學習指導
- 學生指導
- 前途諮商

校園心理諮商師：
- 和學生或家長面談
- 提供教師諮詢服務
- 協調外部機構

工作，同樣要提供諮商和支援性質的服務，讓各地的兒童過上安心健康的生活。

教育範疇的社區活動
3

特別支援教育

提供適當的教育支援，服務有發展障礙或其他障礙的兒童

聚焦於發展障礙

「特別支援教育」一詞在二〇〇一年問世。**根據日本文部科學省二〇〇三年的「未來特別支援教育之形式」，特別支援教育的定義如左頁所示。**

日本在二〇〇六年部分學校教育法修正後，教育界終於有了一套制度，可以讓教育機構、醫療機構、社福機構、保健機構、勞動機構互相合作。過去缺乏完善的制度，支援那些需要幫助的孩子，現在已經有很大的進步。

這一套制度主要聚焦在高功能自閉症（⇒P102）、學習障礙（⇒P104）、AD／HD（⇒P106）等發展障礙。臨床心理師會進行評估，判斷兒童是否有發展障礙。同時站在專業人士的立場，**建議校方如何面對有問題的兒童。另外，還會擔任巡迴的諮商員，直接跟校方接觸，提供諮商服務或校內支援服務。**

評估的重要性

只不過，評估發展障礙要特別謹慎[*1]。為了找到最恰當的輔助措施，評估者需要有全面的心理評估技能和知識，評估的項目不該只有認知功能，還包括生長經歷和溝通的能力等等。

詳細解說！

*1 在評估學習障礙或AD／HD的時候，需要診斷性的智力測驗。不過，用智商或分數來判斷學習障礙不見得準確，可能孩童對測驗感到緊張不安，或是不擅長某些特定的測驗內容。因此，評估時也要認清這些狀況。

特別支援教育的定義和形式

日本文部科學省二〇〇三年的「未來特別支援教育之形式」，對特別支援教育的定義如下。

何謂特別支援教育

掌握每個學童的教育需求，提升他們本身具備的能力，透過適當的教育和指導，給予必要的支援，讓他們克服生活和學習上的障礙，進而達到融入社會和自力更生的目標。支援對象有學習障礙、AD／HD、高功能自閉症，以及過去接受特殊教育的兒童所罹患的各種障礙。

特別支援教育的形式

幼稚園、小學、中學、高中……

特別支援學校

特別支援學校｜包含普通班在內，由學校全體提供特別支援教育。

普通班

進行小班制指導或按照學習程度授課。

在學指導

大部分課業都在普通班學習，但會按照障礙的程度，進行個別指導。

對象

語言障礙、自閉症、情緒障礙、弱視、學習障礙、AD／HD、肢體殘障等等。

交流或共同學習

特別支援班

依照不同的障礙類別，開設人數較少的班級，對障礙學童進行個別教育。

對象

智力障礙、肢體殘障、弱視、聽障、語言障礙、情緒障礙等等。

諮商

建議、援助

交流或共同學習

發揮專業性的特別支援教育

服務障礙較為嚴重的兒童，提供專業性較高的教育。

對象

視覺障礙、聽力障礙、智力障礙、肢體殘障等等。

小學和中學增設特別支援班，由社區全體提供適當的支援，並和教育機構、醫療機構、社福機構、保險機構、勞動機構，以及其他相關機構合作。

學生諮商

提供大學生諮商的場所，作為學生支援的基礎

學生諮商的演變

「學生諮商」是專為大學生設計的諮商活動。過去，大學很重視學生諮商的業務，對所有教職員來說，品學兼優的教育才是最終的教育目標。可是，日本經歷過一九六〇年代的學運，學生諮商的業務被校內的醫療機構兼併，**教育輔助機能轉變為預防或治療疾病的機能**。

不過，近年來社會國際化，加上大專院校過於浮濫[*1]，國立和公立大學由法人介入營運，學生也變得越來越多樣。同時，學生在完成學業之餘，在人際關係和生活上也需要各式各樣的支援[*2]。

因此，當務之急是安排一套學生諮商制度，讓所有學生都能利用，並滿足他們的需求。

學生諮商的功能和活動

學生諮商機構**不只提供學生支援，還得從學校的角度，發揮支援學生的基礎功能**。所以學生諮商的活動，主要有以下四點。第一，提供有問題的學生或相關人士諮商服務。第二，面對精神障礙或騷擾問題，透過心理衛教提供知識或技能（→P232）。第三，舉辦社區活動，改善學生生活或學校整體環境。第四，從事研究活動，讓這些活動執行起來更

詳細解說！

*1 這是指少子化日益嚴重的情況下，想要就讀大學的學生快速減少，大學和系所增設導致錄取名額增加，只要學生不要太挑剔，每個人都有機會念大學。

*2 現在學生諮商的具體內容，包括學業問題、逃學問題、自殺問題、騷擾問題、跟蹤狂問題、暴力行為等犯罪性問題，以及協助身負障礙的學生。

有效率。

這些支援活動，多半是大學組織和其他機構聯手進行，好比教職員或學務專員，聯合醫療機構人員等等。

學生諮商的主要活動

學生諮商機構的活動，主要有以下幾大項

社區活動

把大學視為一個社區，改善大學整體環境

教育活動

籌畫教育計畫或系統，提供知識解決精神障礙或騷擾問題

研究活動

研究學生的諮商活動，探討活動方法和未來方針，並將研究成果活用於下次諮商

諮商活動

對有問題的學生或相關人士，提供諮商服務，並協助其解決問題

學生諮商機構不只提供學生支援，還得從學校的角度，發揮支援學生的基礎功能。

地方上的社區活動 1

被害者諮商

支援心靈創傷的被害者和受災戶

被害者和受災戶的反應

當人類遭遇衝擊性過大的事件，承受巨大的壓力時，就會產生左頁介紹的精神障礙。這些事件包括自然災害、工廠和交通事故，還有強盜、暴力、虐待、性暴力、跟蹤狂等等。這一類精神上的障礙又稱為「心靈創傷反應」，沒有即時處理就會變成ＰＴＳＤ（→P142）*1。

提供受災戶和被害者支援及照護，也是備受矚目的社會議題。近年來，臨床心理師會聯合社福機構、保健所、保健中心、醫療機構，提供被害者諮商服務。

照護心靈創傷反應

被害者諮商首重身體檢查和治療，好比治療傷處和毒害。其次，若當事人遭受天災失去住所，或是逃離家庭暴力的情況下，必須提供有用的資訊，讓他們重新建立生活基礎。萬一當事人持續受害，就要安排公司內部異動、長期休假、搬家等等。換句話說，以確保安全、安心、安眠為首要之務。如果還有其他需求，就按照症狀提供心理照護。

心靈創傷反應通常會在一個月到半年內慢慢恢復，但有時候無法自然恢復，ＰＴＳＤ症狀反而會慢性化*2。

詳細解說！

*1 PTSD是一種知名的精神障礙，常見於受災戶或被害者。誠如左頁圖示，屬於其中一種心靈創傷反應，這也代表心靈創傷反應的種類繁多。

*2 初期的心理照護，要在一個安心的氣氛中面談，並以極富同理心的方式，聆聽當事人的說法，這是基本的照護條件。不能影響到當事人的自我治癒能力，以及處理壓力的能力，更不該詆毀其自信或尊嚴。經過半年到一年後，症狀還是沒有改善

若被害者遭遇強暴、暴力、虐待等對人暴力，除了有通常的心靈創傷反應以外，還會有強烈的恐懼感，以及對他人的不信任感。這種情況下，考量到支援的一方難以跟被害者建立信賴關係，必須要在安心的氣氛中提供援助。

處置心靈創傷反應的方式

遭遇被害時該如何處置

被害 → ●檢查身體和治療 ●提供社福相關資訊 ●做出各種安排，確保當事人安全 → 心理照護

首先，確保當事人安全、安心、安眠，若有需要再提供心理照護。

面對心靈創傷的心理反應

種類	內容	影響	結果
PTSD症狀	●迴避某些場面或狀況，以免想起受害的體驗。 ●做噩夢或瞬間重歷其境，再次體驗以往的傷害。 ●對聲音過於敏感，有專注力下滑、失眠等過度敏感症狀。	●短期內會自然恢復，但有部分人會慢性化。 ●也有過了潛伏期才發病。	●ASD〔➡P 142〕 ●PTSD
感情變化	●抑鬱、悲傷、憤怒、焦躁、無力感、罪惡感。 ●有下列的焦慮症狀，例如失眠、顫抖、心悸、沒食欲、盜汗、呼吸困難、發麻。	●行為缺乏一致性。 ●將感情投射在人際關係中。 ●拒絕治療和援助。 ●自殘行為。 ●憤怒轉移到提供支援的一方。	●慢性的悲嘆反應。 ●誤認為邊緣性人格違常〔➡P152〕。 ●人際關係障礙。
人際關係變化	●不再信賴社會和自我。 ●難以從自身的體驗中找到意義。 ●失去生活基礎，活動範圍受限。	●就業障礙。 ●交友關係減少。 ●經濟困難增加。 ●家庭糾葛增加。	●繭居〔➡P116〕。 ●難以適應社會。
一般精神疾患（※）	●憂鬱症等情感疾患〔➡P160〕、焦慮症〔➡P132〕、短期類精神病障礙、妄想反應。 ●過去的精神障礙復發，或治療中斷導致症狀惡化。 ●酒精不足導致成癮患者產生戒斷症狀。		

※一般精神障礙的症狀算不上心靈創傷反應，但心靈創傷可能導致精神障礙。
資料來源：改編自金吉晴《心靈創傷的理解與照護》二〇〇六年出版。

的話，就得接受專業的PTSD認知行為治療，或是改用藥物治療。

跨文化心理諮商

處理不同文化接觸時產生的問題，服務對象包括個人、團體、社會

跨文化心理諮商的定義

所謂的「跨文化心理諮商」，是指針對文化背景不同的個人、團體、社會進行心理諮商。特徵是在進行諮商時，不能輕視文化的重要功能。日本的臨床心理學過去並不重視文化的問題。**近年來，各種文化在日本社會發展，跨文化心理諮商的重要性也越來越高。**

不同文化接觸所產生的問題

文化衝擊和反文化衝擊，是接觸不同文化後短期內會造成的問題。

在人生地不熟的環境生活，人類會經歷困惑和焦慮，這就是所謂的文化衝擊。另外，從不同文化回到自己熟悉的文化中，同樣會經歷混亂，這又稱為反文化衝擊[*1]。

長期接觸多種文化，可能會產生自我認同糾葛（⬇P94）等問題。

有鑑於此，在面對不同文化所導致的問題時，臨床心理師提供跨文化心理諮商，要秉持尊重文化差異的開放態度。並安排一套方便案主使用的支援系統。

另外，文化上的少數派通常也是社會弱勢族群，容易受到偏見和歧視，吃虧也是常有的事情。這些在諮商時也必須納入考量。

詳細解說！

*1 文化衝擊和反文化衝擊的程度和影響，要看當事人接觸跨文化時的年齡，以及接觸的時間長短，另外是主動選擇還是被動接受，這些都會造成不同程度的差異，情況也因人而異。各種因素都會造成影響，無法適應殊異的環境，就是文化衝擊的一大原因。因此，在跨文化社會學習必要的社會技能，是十分有效的方法。例如採用心理衛教和SST（⬇P234）等等。

跨文化心理諮商的重點

不同文化接觸時產生的問題

人類接觸到殊異的文化時，可能會產生各種心理問題。

短期的情況下

無法適應殊異的環境，產生焦慮和疑惑（文化衝擊和反文化衝擊）。

處置法

進行心理衛教或SST，讓當事人學習社會技能。

長期的情況下

長期接觸殊異的文化，導致自我認同糾葛。

處置法

支援當事人思考自我認同問題，找出自己在不同文化中的定位。

外國學生的跨文化心理諮商

提供學校的支援

- 協調校方做好接納學生的安排。
- 協調相關機構合作。
- 協助當事人家庭和各機構組成聯絡網。

提供家長的支援

- 協助家長理解日本文化。
- 了解和顧慮家長的文化背景。
- 提供社福相關資訊。
- 協調家長和地方社會的關係。

提供孩子的支援

- 提供未就學兒童輔助〔➡P277〕。
- 協助孩子理解日本文化。
- 了解和顧慮孩子的文化背景。

地方上的社區活動 3

EAP（員工協助方案）

提供專業支援解決員工的問題

EAP的定義

所謂的「EAP（Employee Assistance Program：員工協助方案）」，是**提供專業輔助的方案，以解決企業員工和家屬的問題**。組織在一定的期間內會負擔費用，幫助員工解決問題。這套制度源於美國，一九七〇年代到一九八〇年代迅速普及於美國各大產業。

EAP主要用於單一員工，而企業之所以願意支出成本，**主要是解決員工的問題，可以增進其工作表現，最終提升組織的效率**。

EAP的七大活動

臨床心理師在進行EAP時，對於底下的員工要盡到保密義務。另外，除了員工以外，組織本身也算是案主。因此，臨床心理師有義務對組織說明EAP的有效性。根據國際EAP協會的定義，**可有效執行EAP的活動和技能，稱為核心技術**。誠如左頁圖示，主要有七大核心技術[*1]。

EAP最看重的不是當事人有無疾病，而是當事人採取哪些行為。在組織這個社區之中，曠職、騷擾、違反規定等行為上的偏差，才是最重要的問題。

順便了解一下！

職場回歸支援

*1 核心技術並不包含職場回歸支援，但職場回歸支援在日本有相當高的需求。當員工因為心理問題而休養時，必須提供當事人、當事人的上司、人事負責人專業支援，以利當事人順利回歸職場。

※在台灣，「職場回歸支援」涉及到「復工」的計畫安排，需要勞工、雇主、職業醫學科專科醫師，以及職場安全衛生人員、人力資源部門等共同討論擬定之。

因此，EAP不只要提供心理健康的對策，對於曠職、騷擾等行為偏差，也要提供綜合性的支援。

EAP 的核心技術

1 提供領導者建議，教育員工，讓員工更容易使用 EAP

對主管、監督者、工會幹部提供諮詢，提升員工的業務表現。舉辦研修或支援活動，向員工和家屬積極宣傳EAP的使用方法。

2 幫助有問題的員工

基於保密義務，提供適當評估。

3 員工的問題對業務造成影響，要適時提供面談諮商

敦促員工解決業務上的問題，透過短期介入的方法，讓當事人了解個人問題和工作表現互有關聯。

4 將員工介紹給外部的專業機構

將員工介紹給專業機構，進行診斷、治療、輔助。另外，觀察轉介的經過，提供適當的支援。

5 提供諮詢服務，協助企業和其他機構建立合作關係

提供諮詢服務，協助企業和醫療機構建立良好的合作關係，並維繫雙方的關係。同時，提供契約管理的相關建議。

6 讓員工更容易使用健康保險或員工福利

提供組織諮詢服務，讓員工更容易使用健康保險或員工福利。

7 確認 EAP 的效果

確認組織或個人的職務表現，是否有達到EAP的功效。

醫療領域的社區活動 1

日間照護

白天照顧疾患之人的地方，並提供復健

日間照護的兩種類型

所謂的「日間照護」就是**提供一個場所，照顧那些身負疾病或患有障礙的人，並提供他們復健的服務。**

在日本，日間照護主要分為兩種類型。一種是精神醫療層面的日間照護，另一種是老年醫療的日間照護。

精神障礙的日間照護

目前臨床心理師比較常接觸的，是精神障礙者的日間照護。

會接受精神科日間照護的人，多半患有思覺失調（➡P164）、躁鬱症（➡P162）、酒精成癮、藥物成癮、人格違常（➡P152）、失智症（➡P98）等各種障礙。其中，**大部分利用日間照護的是思覺失調患者**[*1]。

除了臨床心理師以外，醫生、護理師、社福人員、職能治療師也會齊心協力，進行日間照護。

日間照護主要有以下幾個目的。首先是調整當事人的生活節奏，其次是讓當事人和其他人自然相處。最後，則是幫助當事人了解自身的疾病。此外，減輕家人的負擔和疲勞，培養當事人自食其力的能力，恢復其自尊心，有助於減緩症狀。

順便了解一下！

日間照護的方案

*1 精神障礙者的日間照護，有相當廣泛的活動方案。包括，運動、廚藝、手工藝、插花、繪畫、園藝、電玩、外出、關心健康、了解用藥規範等等。另外，也會使用SST等介入方法，具體學習溝通技術，以及處理壓力的方法。

臨床心理師會應用評估和諮商技術，了解參加者的狀況，進行各別的諮商。每天確認日間照護是否有達到醫療效果，也是一大重點。

提供精神障礙者日間照護的主要目的

調整生活節奏

有精神障礙的人容易引發睡眠障礙，也有生活不規律的問題。因此，要透過日間照護調整生活節奏，最終有預防症狀惡化的效果。

學習與他人溝通

透過日間照護，學習自我表達的方法，達到安心與他人共處的目標。最終，會慢慢習慣與人相處，進而結交到朋友。

了解自身的疾患

在必要的情況下，工作人員會安排一段時間與當事人對談，讓當事人有康復的欲望，並正確了解自身疾病，防止疾病復發。

減輕家庭負擔

精神障礙者參加日間照護，可減輕家人的負擔。另外，也有提供家人的諮商方案。

習得就業和求學所需的技能

精神障礙者的日間照護，會準備就業和求學所需的學習方案。例如，加強工作所需的專注力和判斷力，學習處理人際關係等等。

醫療領域的社區活動 2

臨終照護

提供臨終者和家屬心靈上的支持

照護臨終者

「臨終照護」又稱為臨終醫療，主要是**提供癌末或病入膏肓的患者相關照護**[*1]。

臨終照護的治療不以延命為目標，而是主動停止治療，在時日不多的生命中減少痛苦，過上品質比較高的生活。

提供臨終照護的地方，通常稱為安寧病房[*2]。

臨終照護的實情

提供臨終照護的團隊，主要以醫生和護理師為主。首要之務是「控制生理上的不適」，好比緩解患者的疼痛（痛苦）等等。為了減少痛苦的時間，會提供止痛作用的藥物。

再者，「精神照護」也是臨終照護的一大重點。**病入膏肓的人會有焦慮、憤怒、不耐、抑鬱、孤獨、絕望等情緒，內心也會相當糾結。家人看著重要的親人死去，情緒也會動搖，因此「照護家屬」也很重要**。醫生、護理師、臨床心理師等臨終照護的團隊成員，都應該顧慮當事人和家屬的心情，並且做好準備傾聽他們的心聲，提供心靈上的支持。

（※台灣許多安寧照護團隊也會請「宗教師」加入團隊，提供患者與家屬更完全的身心靈照

詳細解說！

*1 什麼時候才算臨終，其實並沒有明確的定義。一般來說，生命只剩下六個月就可稱為臨終。

*2 在日本又稱為緩和照護病房，日本第一間安寧病房是在一九八一年設立。直到一九九〇年，臨終照護才在醫療體制中占有一席之地，此後有越來越多醫院開設安寧病房。

顧。）

只不過，日本只有一部分的安寧病房會招募臨床心理師擔任照護成員。未來，臨終照護的需求提升，將會更需要臨床心理學的觀點。

面對死亡的心理反應

美國精神科醫生庫伯勒．羅斯跟許多病入膏肓的患者對話，於一九七〇年代推出《論死亡與臨終》一書。當中有提到，末期患者在接受死亡以前，會經歷下列五大階段。

第一階段

否認

無法接受事實，不認為這是自己的遭遇。

「我不可能遇到這種事啊」

第二階段

憤怒

心生憤怒，遷怒旁人，不能理解自己為何非死不可。

「為什麼只有我特別倒楣？」

第三階段

討價還價

試圖跟神佛這一類超自然存在交易，來迴避死亡的命運。

「我願意做任何事，拜託救救我吧」

第四階段

抑鬱

明白再努力也無濟於事，開始變得消沉喪志。

「反正努力也沒用，一切都結束了」

第五階段

接受

接受自己的狀況，開始正視死亡，冷靜地看待生命的終點。

「我都明白，已經不要緊了」

重要關鍵字 3

顧及員工心理健康的義務

二〇一一年十月，日本國會正式提出勞動安全衛生法的修正案，規定業者有義務聘請醫生檢查從業人員的心理健康。由於工作壓力導致憂鬱症患者增加，修正案規定業者有義務掌握所有員工的精神狀況。檢查結果由醫生或保健師直接通知員工，在未經員工允許的情況下，不得讓業者知情。

員工有意願的話，可以接受醫生的面談和諮商。對於提出申請的員工，業者不能有任何刁難。醫生提供意見以後，如有必要，員工可要求業者改善工作環境，好比縮短勤務時間，或是調動職場等等。

提出修正案的原因在於，東日本大地震發生後，預期心理健康出問題的人口增加，加上憂鬱症患者有逐年增加的趨勢。厚生勞動省底下的勞動政策研究所、勞動政策研修機構，二〇一九年對全國五千多家企業進行調查，發現患有憂鬱症的員工，占企業整體員工的百分之五十七以上。

過去，厚生勞動省也有提出「勞工心靈保健促進方針」（二〇〇六年），要求企業顧及員工的心理健康。而今立法規定業者的義務，增進員工心理健康，便成了企業的重要課題。日後，臨床心理師和臨床心理學的需求肯定水漲船高。

※在台灣，部分臨床心理師也投入職場與企業中，在「勞工健康服務」這個領域裡，補足了員工職業安全與衛生議題中，心理層面的需求。

PART

7

臨床心理學的研究活動

為了提供有效的支援，不能缺少研究活動。

本章主題

- 何謂研究活動
- 研究活動的理論
- 研究活動的技巧

臨床心理學的研究基礎
1

什麼是臨床心理學的研究活動

用科學方式印證理論的有效性，尋求社會大眾的認同

研究活動的必要性

為了讓社會大眾認同臨床心理學的必要性，研究人員必須證明臨床心理學的活動對社會大眾有益。**「研究活動」就是用科學方式印證相關理論的有效性和合理性**[*1]。

研究活動的內容

臨床心理學的實務活動程序如下，首先進行評估〔⬇P46〕蒐集資訊，提出相關的假設。之後決定方針，實際介入〔⬇P168〕案主的問題。再用介入得到的資訊驗證假設，視情況所需修正介入方針。根據假設驗證效果，這一連串的過程就是所謂的研究活動。因此，要有足夠的研究技能，方可提出更有效果的實務活動。

只不過，為了案主制定的假設也只適用於案主，要當成研究成果公布的話，得具備某種程度的普遍性才行。所以，透過實務活動對個別案例進行研究，嚴格來講不算真正的研究。從複數的案例中找出共通的假設，那樣的假設才具有普遍性。之後，還要**經過科學研究，驗證出普遍的合理性**，這才稱得上真正的**理論**。

實際進行研究時，要先鎖定研究主

詳細解說！

*1 臨床心理學的研究所課程，也有研究活動的學習課程。從實證本位〔⬇P34〕的觀點來看，要檢驗臨床心理學的成果，研究是不可或缺的活動。不過，日本不太重視研究活動，這是日本臨床心理學界當前要面對的課題。

題，弄清楚要透過研究證明哪些論述。接下來，再決定研究的方法。根據不同的研究目的，蒐集研究資料的方法也各有不同。

臨床心理學的研究方法

根據資料蒐集的條件來分類

實驗法 控制資料蒐集的條件，以免受到現實生活影響。也就是透過控管，嚴格掌握因果關係。

調查法 設定特殊的資料蒐集條件，汲取出現實生活的某些特徵。而汲取適當的資訊，可以正確掌握現實狀況。

實踐法 「實驗法」和「調查法」在設定條件時，都極力避免和研究對象接觸。而實踐法在設定資料蒐集的條件時，會積極參與研究對象的生活，目的是驗證介入方法在實務層面上的有效性。

※此處所提「實踐法」頗有行動研究的精神。

資料蒐集方法

蒐集資料主要有以下三種方法。

觀察

觀察行為來獲得資料。

測驗

把課題的達成結果當成資料。

面談 透過對話獲得資料。

量性研究

用量化數據研究主題，驗證現有的假設

研究的質與量

臨床心理學的研究有分兩大類，**一是「驗證既有的假設（驗證假設型）」**，**二是「成立新的假設（生成假設型）」**[*1]。這兩種都需要資料來驗證假設的根據。

另外，不同的資料種類又分為「量性研究」和「質性研究」。**以數據化的資料分析主題是「量性研究」**，**「質性研究」則是用記述性的資料來做分析。**

這兩種研究不只是採用的資料不同，目標也不一樣。量性研究是用客觀、理性的方式檢驗普遍的法則，多半用來驗證既存的假設。相對地，質性研究不重視普遍通用的法則，而是要創立適用於各種現實層面的理論。

量性研究的方法

量性研究方法有分「實驗研究」和「量性調查研究」。可數據化的測定因子稱為變數，實驗研究和量性調查研究都會用變數來做研究。

現實生活中有很多因素會影響結果，環境便是其中一項。實驗研究必須控制條件，以免受到這些因素影響，同時還要操作變數，剖析研究對象的因果關係。

相對地，量性的調查研究不會控制條

順便了解一下！

驗證假設型和生成假設型

*1 研究方法有分驗證假設型（由上而下分析）和生成假設型（由下而上分析）。前者是根據既有的研究提出假設，並驗證假設的研究方法。用意是提高既有理論的精確度，或是提出相反的論述。而後者的目的則是成立新的假設。

件，而是弄清楚在現實生活中，研究對象具備什麼樣的特質。

量性研究的特徵

量性研究和質性研究的差異

量性研究和質性研究的進行方式有下列不同。

量性研究	質性研究
❶選擇某種心理論述作為研究主題。 ❷參考理論，提出特定的假設。 ❸設定研究手續和方法。 ❹蒐集資料。 ❺分析資料。 ❻驗證假設。	❶找到大略的問題或感興趣的課題。 ❷推敲想要研究的問題。 ❸蒐集初步資料，詮釋資料的意義。 ❹推敲假設。 ❺蒐集追加資料，詮釋資料的意義。 ❻歸納假設。 ❼蒐集追加資料，詮釋資料的意義。 ❽創造理論。

活用量性研究

在臨床心理學的範疇中，主要有三種情況會活用量性研究。

❶ 研究實務活動或實務活動的效果

把實務活動的過程或結果，還有介入的效果當成主題。

❷ 研究評估或介入

把異常心理〔➡P122〕、異常行為、神經心理學特徵〔➡P66〕、腦部狀況、智力、感情或認知傾向、人際關係、家庭關係、社會傾向當成主題。

❸ 研究實務活動的相關議題

把溝通形式、社會支援、援助要求、健康概念、社區文化傾向當成主題。

質性研究

用記述性的資料研究無法量化的現象

研究無法量化的現象

臨床心理學這一門學問，直接牽涉到人類的體驗和經歷。因此，**只用量化的資料來做研究是不夠的。「質性研究」是用來闡明無法量化的現象。**

所謂的「質性」是指非量化的意思。**主要採用記述性的資料，並以語言進行概念上的分析研究。**不用量化資料做的研究，從廣義上來說都屬於質性研究。不過，通常臨床心理學的質性研究，專指用來成立假設[*1]的研究，而且屬於非量化的研究。

質性研究的方法與特徵

質性研究有各式各樣的方法，其中最具代表性的有五大方法，包括「傳記研究」、「現象學」、「民族誌」、「扎根理論」、「個案研究」。

不管哪一種，**都要在自然的狀況下，對研究對象進行面談和觀察。**如此一來，才能獲得貼近日常生活的資料。另外，重視時間流程也是一大特徵。研究不只是要找出原因，為了弄清楚事件發生的經過，也很重視時間上的先後順序。

再者，會考慮研究對象的觀點和多樣性，也是這種研究方法的一大特徵。比

詳細解說！

*1 量性研究多半用來驗證既有的假設，質性研究則是用來成立新的假設（生成假設型）。

方說，面談時研究對象用自己的說法談論自身經歷，通常也會有新的研究發現。

質性研究會先根據資料提出暫定的假設，之後用新的資料檢驗該項假設，並重複這樣的驗證循環。過程中，要留意研究沒有偏離主旨。由於新的理論依據樣本數比較少，分析結果比較缺乏普遍性，這一點也要特別留意。

質性研究的方法與特徵

質性研究的代表性手法

質性研究主要有以下五種知名的方法。

方法名稱	目的	資料蒐集方法
傳記研究	探究個人的人生。	主要為面談和文章。
現象學	理解現象的本質。	長時間面談（研究對象不超過10人）。
民族誌	記錄文化和社會群體，並理解那些群體。	主要為觀察和面談，以及長期滯留現場所得到的資料。
扎根理論	根據資料，發展出貼近現實情況的理論。	持續進行面談，直到推敲出精密的理論（研究對象大約20～30人）。
個案研究〔➡P264〕	進行與實際案例有關的深度分析。	多樣化的資訊來源（文章、面談、觀察、資料）。

質性研究的特徵

不管是哪種質性研究，都有以下的特徵。

1 重視自然狀況

為了得到貼近日常生活的資料，會盡可能讓研究對象處在自然環境中，再來進行觀察和面談。

2 重視時間的先後順序

看重事發的經過和先後順序，並闡明因果關係。

3 考慮當事人的各種觀點

重視研究對象的觀點，好比讓當事人用自己的語言來談論經歷。

個案研究

研究少數個案，追求特別性的理論

研究個案的特性

所謂的「個案」是指具體的實例，或是已經成為先例的事實。至於**「個案研究」則是研究單一或少數的案例**。目的是關注具體事實的特性，透過詳細的分析研究，創造出一套全新的理論。

每個人的觀念和看法都不一樣，人際關係也會受到社會特有的文化影響。在現實生活中個人或文化會導致各種差異。因此，個案研究旨在理解具體案例的特性，這是一種很適合研究人心的方法。

個案研究的目的和手法

臨床心理學的研究主要有兩大方向，**一是個人特性取向，二是通則式取向。前者旨在剖析獨特的個案，後者則是闡明普遍的案例**。個案研究屬於前者，但單純記述個別的案例只能算個案研討[*1]。為了進行確實的研究，必須具備某種程度的普遍性。換句話說，單一案例中分析出來的見解，也要適用於其他案例才行，而且理論模型要成立，才算得上真正的個案研究。

因為個案研究具備這樣的特性，所以**要採用記述式的質性研究手法，來應對**

順便了解一下！

個案研討

*1 為了更確切地分析個案，由多名成員一同檢討個案發生的經過，就是所謂的個案研討會（⬇P294）。透過實務活動研究個案時，必須要有檢討個案的活動，才能保持臨床心理師的客觀看法。不過，這跟個案研究是兩回事，個案研究的目的是要創造新的理論模型。日本的臨床心理學一向重視個案研究，但個案研究和個案研討經常被搞混，這一點要特別留意。

多樣化的現實因素。記述方式誠如左圖所示，有分「對話記述」、「過程記述」、「敘事記述」、「田野記述」等類型。

個案研究會深入剖析少數的案例，因此倫理問題顯得特別重要。在進行研究的時候，必須做好充分的事前說明，徵求協力者的同意，盡到報告的義務。另外還要保管好研究記錄，公布研究結果時，也要顧慮當事人感受，保護其個人隱私。

個案研究的種類

個案研究有下列幾種類別。

對話記述

著重臨床心理師和案主的對話，好比心理治療或心理諮商這類實務活動的對話內容。並且分析溝通的過程。

敘事記述

記錄案主的經驗或發展過程中的回憶，描述當事人的人生經歷。

過程記述

分析心理治療、心理諮商等實務活動的過程。

田野記述

研究者親臨案例發生的環境，以參與者的身分進行實務活動，試圖改善案主的問題。以田野研究的形式記錄過程，並分析問題。

田野活動

親臨現場調查，是質性研究的一種手法

親臨現場調查

所謂的「田野活動」，就是**研究者親自前往想要調查的「事件現場（田野）」，進行「調查作業（活動）」的意思**[*1]。在心理學的領域中，這一套方法從九〇年代開始廣為人知，現在臨床心理學、發展心理學、社會心理學、環境心理學、社區心理學、教育心理學等領域，都有使用田野調查的方法。

實際進行田野活動時，如同左頁圖示，會反覆蒐集和分析資料，同時提出假設來闡明事件的原理。深入接觸研究對象所得到的資料，能夠推敲出更為妥當的詮釋。

實務性的田野活動

臨床心理學的田野活動分為兩種，一種是**「研究者在觀察時盡量不影響研究對象」**，另一種是**「研究者積極接觸研究對象」**。尤其後者屬於臨床心理學的實務活動，用意是要實際改善案主的問題。這種類型又稱為「實務性的田野活動」。

實務性的田野活動，研究者既是參與者也是觀察者，拿捏好這兩種角色就顯得很重要。通常研究者也身兼心理諮商師或領導者，好處是研究者可以影響調

詳細解說！

*1 田野活動本來是人類學家用來撰寫民族誌的研究方法，又稱為「參與觀察研究」。研究者會參與研究對象的團體，扮演當中的成員，觀察團體的反應。除了這種觀察行為外，一般田野活動多指親臨現場進行調查作業。

查環境，獲取更加深入的研究資料。不過，研究者親臨現場，必須長保「外部的觀點」才行。換句話說，研究者在進行研究的過程中，必須考量自己對環境造成的影響，以及對資料蒐集又會造成何種影響。

田野活動的特徵

何謂田野活動

研究者親自前往想要調查的「事件現場（田野）」，進行「調查作業（活動）」的意思。

田野活動的步驟

在進行田野活動時，要按照下列程序進行。

1. 決定調查環境，實際深入現場。
2. 了解調查環境的實際狀況。
3. 提出疑問，作為研究主題的出發點。
4. 決定觀察的對象，進行焦點觀察。
5. 推敲假設，解讀觀察結果。
6. 用合乎理論的方式觀察現象。
7. 分析和詮釋資料。
8. 反覆③到⑦的程序，提出假設。

臨床心理學的研究技巧
3

效果研究

以實證方式證明臨床心理學的效果，採用量性研究的方法

效果研究的代表性手法

所謂的「效果研究」，是指**用研究手法檢討臨床心理學的實務活動是否有效，尤其用來驗證心理治療的實際效果**。比較具代表性的方法有「單一個案實驗」、「隨機對照實驗」、「統合分析」、「方案評估研究」。主要採用量性研究手法，以數據來探討理論。

單一個案實驗是比較研究對象介入前後的數據，衡量介入的效果。

隨機對照實驗是把研究對象隨機分成兩個對照組，一組採用特定的介入手法，另一組不採用介入手法，以此衡量介入的效果。比方說，要調查認知行為治療（➡P184）介入強迫症（➡P140）的效果，就要把案主分為兩組。一組採用認知行為治療，另一組則否，然後比較雙方症狀改善的程度。

統合分析是把同一個研究主題的各別研究結果整合起來，推導出綜合論述的統計法。

方案評估研究是用某種基準或目標，比較政策或企畫等社會方案的實施結果，進行整體性的評鑑。

驗證不同問題有何有效的介入方法

綜觀臨床心理學的歷史，可以說心理

詳細解說！

*1 統合分析證明了心理治療是有效果的。

治療的療效是透過效果研究印證的[*1]。印證了效果以後，接下來的研究主題是，**對於特定的問題（症狀），什麼樣的方法比較有效？**效果研究用來探討這個主題也派得上用場。

美國心理學會的臨床心理學部會有整理不同問題的有效介入法，並公布出一套心理治療的準則。

效果研究的成果

美國心理學會的臨床心理學部會有公布各別問題的有效介入方法。

障礙名稱	有效介入方法
憂鬱症〔➡P160〕	行為治療〔➡P180〕 行為活化治療 認知治療〔➡P184〕 認知行為治療 人際關係治療 問題解決治療 自我評估 自我控制治療
躁鬱症〔➡P162〕	躁期：心理衛教〔➡P232〕 系統性照護 抑鬱期：以家庭為主要介入對象
思覺失調暨重度精神病〔➡P164〕	SST〔➡P234〕 認知行為治療 積極性溝通介入 就業支援 提供家庭心理衛教 社會生活學習 代幣酬賞制度 認知復健
強迫症	暴露反應預防〔➡P216〕 認知行為治療
恐慌症〔➡P134〕	認知行為治療
廣泛性焦慮症〔➡P136〕	認知行為治療
恐懼症〔➡P138〕	社交恐懼：認知行為治療 特定恐懼：暴露法〔➡P216〕
PTSD〔➡P142〕	持續性暴露反應預防〔➡P216〕 認知程序治療 EDMR（此法有待商榷）
飲食障礙〔➡P148〕	厭食症：家庭介入為主 暴食症：認知行為治療 人際關係治療
睡眠障礙	認知行為治療 睡眠限制治療 刺激控制法 放鬆訓練悖論
邊緣型人格違常〔➡P156〕	辯證行為治療

效果研究找出了各別問題的有效介入方法（上面只列舉部分方法）。

臨床心理師的工作案例 4

臨床心理師的倫理

中學三年級的結衣被診斷出憂鬱症，在附近的心理諮商義診中心接受治療。有一天，結衣說她不想回家，理由是家人不重視她。諮商心理師臨時與她約在咖啡廳，仔細聆聽她的煩惱。

後來，結衣習慣在義診中心以外的地方，要求和諮商心理師私下碰面。結衣的父母忙於工作，讓她覺得自己被父母拋棄，所以對諮商心理師產生了依賴性，因為諮商心理師在義診以外的時間，也願意聆聽她的煩惱。

諮商心理師漸漸承受不了這樣的負擔，於是建議結衣去找專業的精神科醫師，或是臨床心理師，而不是一直找自己這樣的義工。

結衣感到非常失望，憂鬱的症狀變得更加嚴重。母親擔心她，帶她前往臨床心理師的諮商中心。經過多次面談後，結衣終於願意打開心防。

大約經過四次面談後，結衣對臨床心理師說，她現在知道自己害怕被他人拒絕。但她願意表達自己最真誠的想法了。結衣表示，她想在咖啡廳或其他地方，跟臨床心理師約出來好好談一談。這是她有意克服恐懼的表現，還請臨床心理師不要拒絕她，否則她會非常受傷。

本節重點

臨床心理師純粹是按照契約關係，以專家的身分和案主交流。原則上，臨床心理師的言行舉止，不該讓案主期待私人關係的發展。例如私下餐敘，或是有業務之外的金錢授受、禮品交換，也不能過度公開個人資訊。

遇到上述的案例，結衣的好意臨床心理師只能心領，同時要告訴她私下見面的弊害，順便說明在安全場所建立信賴關係的重要性。

PART

8

社會與臨床心理學

介紹臨床心理學的活動領域，以及臨床心理師的活動內容。

本章主題

- 臨床心理學的活動領域
- 臨床心理師的資格
- 臨床心理師的活動內容

社會和臨床心理學 1

臨床心理學在社會中的地位

臨床心理學的活動必須和社會有關

響應社會的需求

現在，**人們對臨床心理學的社會性活動，有越來越高的需求**。比方說，二〇〇一年起正式引進校園諮商制度後，臨床心理學必須在學校這個社會體系中活動。另外，社會也期待臨床心理學支援受災者和犯罪受害者，同時支援老年人的心理照護，矯正不良少年的行為，關懷受虐的兒童。

臨床心理學的活動發展，不能與社會脫節。社會大眾是臨床心理學的使用者，**臨床心理學的相關人士應該了解人們的需求**。且要按照左頁圖示，協助社區成員過上更美好的生活。

確立社會專業性

臨床心理學的社會性專業活動要像醫學那樣受到認可，就得確立臨床心理學的特性，並讓社會大眾了解。為了確立專業活動的社會義務，也必須充實**相關倫理、規章、法條等制度**[*1]。此外，**成立營運組織負責管理臨床心理學的社會活動**，從廣泛的角度檢討整體的活動內容。

現在日本的心理臨床學會有公布研究成果，向社會闡述臨床心理學是一門怎樣的學問，也算盡到了「**說明義務**」[*2]。

詳細解說！

*1 現今趨勢認為，臨床心理師的資格必須經過國家認證，這也是完善制度的一環。台灣的臨床心理師資格已經國家認證，並受《心理師法》規範。（➡P288）。

順便了解一下！

說明義務

*2 專家在進行活動時，有義務向社會大眾提供訊息，及充分的說明讓使用者認同。沒有盡到說明的義務，特定活動的社會專業性也難以被認同。

還有，日本臨床心理師協會這個職能團體[*3]，也負責提升臨床心理師的素質，讓社會大眾了解專業活動的內容。

※台灣的臨床心理師職能團體有：臨床心理師公會全國聯合會以及各縣市的地區公會。學會組織主要為台灣臨床心理學會。

臨床心理學與社會的關聯

如下圖所示，臨床心理師會同時處理社區和社區成員的問題。

臨床心理師
社區
改善社區環境，讓社區成員過上更好的生活。或者，提供對社區整體有用的資訊。
社區成員

透過日間照護〔➡P252〕、心理衛教〔➡P232〕、危機介入〔➡P226〕等活動，提供直接的輔助。也會擔任社區成員的代言人，尋求改善社區的方法。

職能團體

*3 有專業技能或專業認證的人組成的團體，團體本身也發揮了互動網絡的重要功能。

社會和
臨床心理學
2

臨床心理師的活動領域

臨床心理師主要在五大領域進行專業活動

臨床心理師的主要活動領域

臨床心理師主要有五大活動領域，分別是「**教育**」、「**醫療・保健**」、「**社福**」、「**司法・更生**」、「**產業**」[*1]。各領域有不一樣的特徵，關鍵在於要掌握特徵來進行活動。

另外，不管在哪個領域，臨床心理師的業務不只關係到案主，還關係到案主身旁的親朋好友，同時還要跟不同領域的專家攜手合作。在進行面談或評估這類的實務活動時（⬇P24），也要跟這些人齊心協力，提供對案主更好的協助。

五大合作職責

在使用社會性的合作手法時，臨床心理師必須發揮以下五大專業職責。

第一，**支援案主和其他成員溝通**。

第二，**照護其他成員的心理健康**。其他成員若處於工作倦怠（⬇P290）的狀態，臨床心理師應該發揮適當的技能，照護成員的心理健康。

第三，**推動團隊合作**。對於個案或組織管理議題，提供心理學上的建議，強化團隊合作的效益。

第四，**教導其他專家心理學的相關知識和技能**。站在臨床心理師的角度，了

詳細解說！

*1 除了這五大領域以外，大學、研究所等研究機構，還有個人開業的心理治療所也是臨床心理師的活動領域。

※根據臨床心理師公會全國聯合會二〇〇七年的統計，當時台灣心理師主要工作場域的百分比，由大到小依序是：醫療院所七五・七%、學校一一・五%、監獄或戒治所六・五%、心理治療所二・三%；公務部門一・一%與其他二・九%。此數據已較老舊，惟近年較缺乏類似之調查資料。

解其他專家碰到的臨床問題，提供解決問題的知識和技術。

第五，**調查案主的需求，評鑑服務水準**。為了提升案主的滿意度，臨床心理師要採用不同的心理學研究方法。

臨床心理師的活動領域

現在日本的臨床心理師（隸屬於日本臨床心理師協會的成員），主要在下列領域活動（2010 年 10 月 29 日以前的資料）。

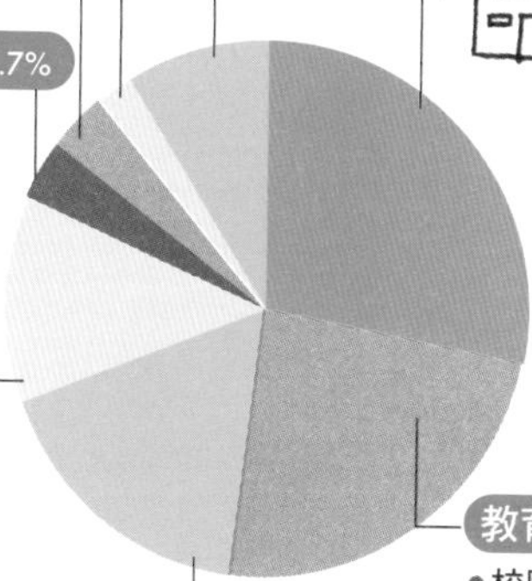

產業・勞動 2.2%
- 企業內部的健康管理室或諮商室
- 殘障者就業輔導中心
- 公立就業輔導中心

等等

私人心理諮商 3.7%
- 個人開業的心理治療所
- 心理諮商中心等等
- 公立就業輔導中心

等等

司法・更生 3.7%
- 家庭裁判所
- 少年鑑別院
- 少年感化院、監獄
- 保護觀察所
- 警察相關的諮商室

等等

其他 8.7%

醫療・保健 28.3%
- 醫院診所
- 保健所
- 復健設施
- 精神保健福利中心

等等

教育 23.7%
- 校園心理諮商
- 學生諮商室
- 心理教育諮商室
- 教育諮商室
- 教育中心

等等

社福 12.3%
- 兒童諮商中心
- 兒童福利設施
- 婦女、母子諮商設施
- 身障、智能障礙諮商設施
- 老年人福利設施

等等

大學・研究所 17.4%
- 學生諮商室
- 各類研究機構

等等

教育領域

聯繫教職員、校方、家長教師聯誼會，一同處理學生的問題

也要重視校方和教職員的意圖

在教育領域中，臨床心理師也會在公家的教育諮商室或教育中心，進行相關的活動（→P238）。但主要還是在學校擔任校園心理諮商師。

誠如左頁圖示，臨床心理師必須聯繫班級、教師團體、家長教師聯誼會，共同探究學生真正需要的支援*1。這個領域的特徵是，**一旦學童、家長、教職人員提出要求，臨床心理師就要提供輔助***2。因此，**評估的對象不光是有問題的學生，校方和教職人員的意圖也在評估的對象之列。**

全新的教育課題

近年來，除了逃學（→P110）和霸凌（→P112）問題以外，學校還有下列三大課題尚待解決。

第一是**特別支援教育**（→P242）的相關問題。例如ＡＤ／ＨＤ（→P106）、高功能自閉症（→P102）等需要特別支援的對象增加，輕度的發展遲緩學生該在哪裡接受支援，臨床心理師必須釐清支援上的問題。

第二是**師生倫常失序的問題**，通常是學生的行為有問題，導致課程無法進行的狀況。這時候臨床心理師要了解，為

詳細解說！

*1 廣泛的業務能力也是一大特徵。例如，進行宣傳活動、教職員研修活動、聯繫校內和校外機構的活動等等。另外，校園心理諮商師要安排完善的制度，讓學生和教職人員更容易利用這項服務。

*2 臨床心理師有保密的義務，但和教職人員合作時，必須交換彼此的訊息。因此在說出諮商的內容時，必須先考慮要透露到何種程度。

何學生把氣出到班導身上，甚至讓課程無法進行下去。同時利用臨床心理學的手法，試著解決問題。

第三是**移工的小孩未就學的人口增加**。再者，在不同文化背景下長大的小孩，也需要心理上的照護。公立小學和中學也要求導入跨文化心理諮商的制度（➡P248）。

臨床心理師在教育界的職責

臨床心理師不只要以心理諮商員的身分聯繫各單位，提供支援時也必須顧及各單位互相合作。

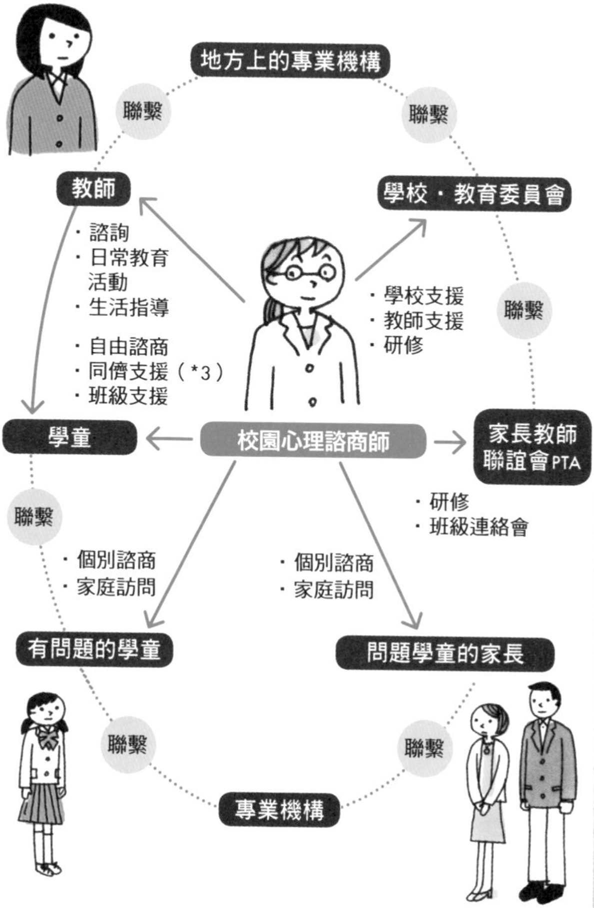
地方上的專業機構
聯繫
聯繫
教師
學校・教育委員會
・諮詢
・日常教育活動
・生活指導
・自由諮商
・同儕支援（*3）
・班級支援
・學校支援
・教師支援
・研修
聯繫
學童
校園心理諮商師
家長教師聯誼會PTA
聯繫
・研修
・班級連絡會
・個別諮商
・家庭訪問
・個別諮商
・家庭訪問
有問題的學童
問題學童的家長
聯繫
聯繫
專業機構

臨床心理師不只要關照有問題的學童，還要聯繫學校、教育委員會、其他學童、家長教師聯誼會等等，在提供支援的時候，也要思考案主到底需要怎樣的照護。

*3 **同儕支援**是指站在相同的立場，提供支援的意思。比方說在校內，同齡的好友之間也有互相支援的情況。

社會和臨床心理學 4

醫療、保健領域

從團隊醫療的觀點來看，醫療、保健領域也需要臨床心理師

常見的三大領域

在醫療、保健領域中，也有不少臨床心理師貢獻一己之力。臨床心理師在下列的三大分野中活動，已經行之有年。

首先是**精神醫療和精神保健**的分野。例如，對憂鬱症〔➡P160〕、思覺失調〔➡P164〕等精神疾患、精神障礙者進行評估或心理治療[*1]。

其次是**小兒科醫療**、**早期療癒**分野，主要幫助那些可能有發展障礙的兒童，以及他們的父母；另外，新生兒或嬰幼兒的母親，應該和孩子一起獲得全面性的支援。至於逃學或憂鬱症的學童也必須幫他們解決心理問題。

而在**老年醫療**、**臨終醫療**、**老人保健**的分野，主要是對失智症患者或癌末患者提供心理上的支援。

團隊醫療和臨床心理師

除了上述的三大分野外，**在醫療、保健的團隊醫療領域中，臨床心理師的必要性也越來越高**。所謂的團隊醫療，是指醫生、護理師、臨床心理師、看護有共通的目標，跟患者還有家屬一起解決問題的醫療模式。

如今醫療高度化和複雜化的趨勢來得又快又猛，患有生理疾病的患者，也必須

順便了解一下！

精神科病房的種類

*1 依照功能的不同，精神科病房分為以下幾大類。精神科一般病房負責治療各種精神障礙，精神科急性病房主要對急性期的患者進行集中治療。精神科療養病房則對慢性期的患者進行長期治療。而老人失智疾患治療病房則是對失智老人提供醫療和看護。

解決長期療養造成的心理問題。醫療團隊要提供患者生理和心理上的適當支援。

另外，除了支援患者和患者家屬以外，醫療從業人員在嚴苛的工作環境中身心俱疲，也需要臨床心理師提供心理照護。有了臨床心理師的參與，團隊醫療會更加穩定，對治療疾病也有正面影響。

團隊醫療和臨床心理師的職責

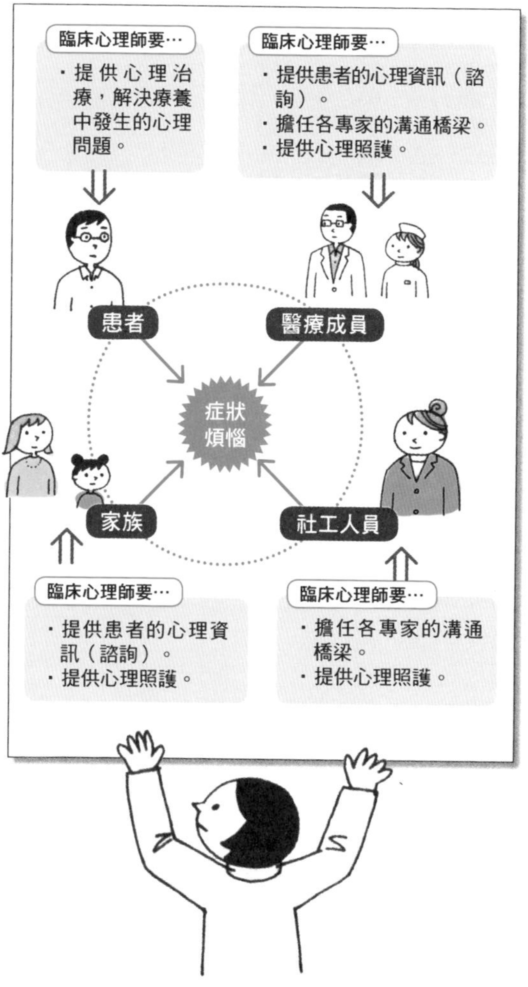
臨床心理師要…
・提供心理治療，解決療養中發生的心理問題。
臨床心理師要…
・提供患者的心理資訊（諮詢）。
・擔任各專家的溝通橋梁。
・提供心理照護。
患者
醫療成員
症狀
煩惱
家族
社工人員
臨床心理師要…
・提供患者的心理資訊（諮詢）。
・提供心理照護。
臨床心理師要…
・擔任各專家的溝通橋梁。
・提供心理照護。

臨床心理師支援的對象不只有患者，還包括所有參與醫療的人員。相關人士的心理健康狀況良好，團隊醫療的效果也會更加安定。

社福領域

支持兒童、老年人、身心障礙者這一類社會弱勢族群

三大主要服務

臨床心理師在社福領域活動，主要提供三大服務。第一是「**兒童福利**」，也就是在兒童諮商中心或兒童福利機構提供服務。第二是「**老人福利**」，也就是在老人綜合中心等機構提供服務。第三是「**身心障礙者福利**」，也就是在智能障礙者機構、身心障礙者自立諮商中心、身心障礙者就業中心提供服務。

除此之外，提供女性諮商服務，讓她們過上獨立自主的生活，支援身心障礙者的家屬，接受社工人員的諮詢，也是臨床心理師在社福領域的重要工作。

兒童福利的相關活動內容

十八歲以下孩童的相關問題，都能到兒童諮商中心徵詢意見。跟一般臨床機構不同的地方在於，**若有需要保護的兒童**[*1]，**只要附近的鄰居提出通報，兒童諮商中心即可提供相關的協助**。

兒童諮商中心主要由兒童福利司主導活動，這類社工人員會聯合兒童暫時保護所的兒童指導員、保育人員、醫生，還有其他專家一起處理問題。臨床心理師則擔任兒童心理師，提供諮商服務或評估兒童狀況，提供實際的支援活動。也協助關照兒童福利機構的小孩。

詳細解說！

[*1] 也就是經過判斷後，認定兒童不能交給原生家庭撫養的狀況。日本有設立要保護兒童對策地方協議會，協議如何照顧受虐兒童或其他有問題的兒童。

社福領域的服務

臨床心理師服務的機構

參與社福工作的臨床心理師主要在下列機構服務（包含可能錄用的機構）。

機構	心理職務的相關業務
兒童諮商中心	18歲以下兒童的各種問題皆可尋求諮商和判定
家庭兒童諮商室	在社福事務所的諮商室提供服務
兒童家庭支援中心	提供兒童家庭相關建議，進行聯絡協調
保健所、保健中心	診斷嬰幼兒的精神發展，提供事後指導暨諮詢
鄉鎮市的兒童諮商課	18歲以下兒童的各種問題皆可尋求諮商
兒童福利機構、療癒機構、非正規機構	指導兒童保護、養育、療癒，以及指導監護人
身障者自立諮商中心	提供身障者各種諮商，判定身障程度
智能障礙者自立諮商中心	提供智能障礙者各種諮商，判定智能障礙程度
身障者自立援助機構	提供身障者必要的指導與訓練
智能障礙者自立援助機構	提供智能障礙者必要的指導與訓練
老年人福利機構、諮商中心	提供老年人各種諮商和社福照護
女性中心、婦女諮商中心	提供女性諮商和保護，讓她們過上獨立自主的生活
發展障礙者支援中心	發展障礙者的各種諮商和支援活動
其他照護機構	提供需要關照的人各種支援活動

兒童福利的協同合作

日本在2004年兒童法修正以後，設立了要保護兒童對策地方協議會，主要負責協調下列社福網絡。

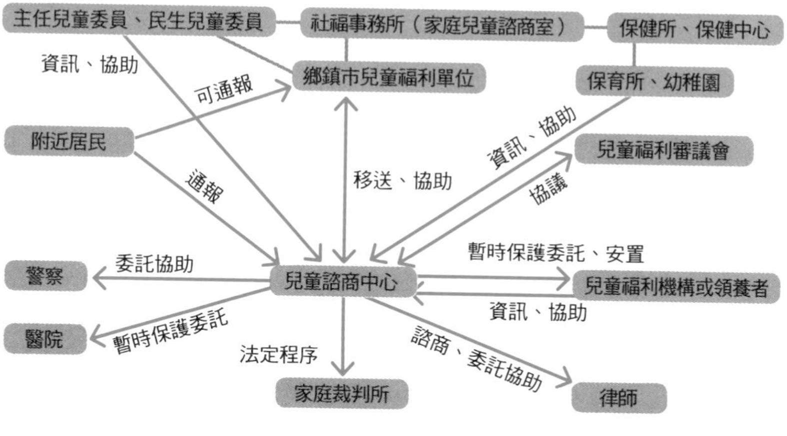

社會和
臨床心理學
6

司法、更生領域

大都在少年更生機構服務，負責調查和更生活動

任職公家機關

在司法、更生領域活動的臨床心理師，多半在**少年更生機構**任職，例如家庭裁判所、少年鑑別所、少年感化院等等。除此之外，還有監獄、少年監獄、拘留所等刑事機構，以及保護觀察所等等，**主要對犯罪者進行調查、面談、觀察、保護、更生，支援他們重返社會。**

這些機構大都是公家機關，特徵是必須依照法律規定，和當事人接觸。在這樣的情況下，臨床心理師不只是提供支援的一方，同時也具有一定的法律約束力。因此，這兩種立場要保持均衡，不能偏廢。

司法程序的現狀

所謂的行為偏差少年（又稱觸法少年），是指犯罪的未成年人。

未成年人犯案，基本上都會先經過檢察廳，再交付家庭裁判所審理。不過，未滿十四歲的少年，會通報給兒童諮商中心或社福機構的事務所[*1]。

臨床心理師接獲案件通報後，會以**家庭裁判所調查官**的身分，調查少年犯下的案件，同時對少年進行指導。如有必要，也會對監護人提供建言和指導。若少年犯下重大案件，認定有深入調查的必要，則少年鑑別所的臨床心理師，會

詳細解說！

*1 未成年人雖無法律上的犯罪情事，但將來有犯罪的風險，警察可在少年法規定的範圍內，逕行立案或移送相關單位。也稱為「虞犯」（⬇P114）。

順便了解一下！

檢察官逆送

*2 除了保護處分以外，惡行重大者應當作成年人來對待，送交檢察廳處置，就稱為「逆送」。在這種情況下，會在地方裁判所召開審理，一旦判決出爐就會移送少年監獄。

※台灣現況：現已有許多監獄

以**鑑別技師**的身分進行評估，像這樣的評估又稱為稟性鑑別。

之後家庭裁判所會根據調查內容，下達保護處分。所謂的保護處分有保護觀察、移送兒童自立支援設施、移送少年感化院等處分[2]。在少年感化院的臨床心理師會以**心理技師**的身分，提供少年的心理支援；在保護觀察所的臨床心理師，則是以**保護監察官**的身分提供支援。

聘請臨床心理師，提供受刑人心理評估與治療，而在犯罪者接受司法審判過程中，通常與鄰近醫院合作，結合精神科醫師、臨床心理師、社工師等團隊，進行司法鑑定以協助法院做出判決。

行為偏差少年的處置程序，以及臨床心理師的職務

行為偏差少年有分犯罪少年、觸法少年、虞犯少年〔➡ P114 〕。犯罪少年會接受下列處置程序，臨床心理師和各個機構都有關聯。

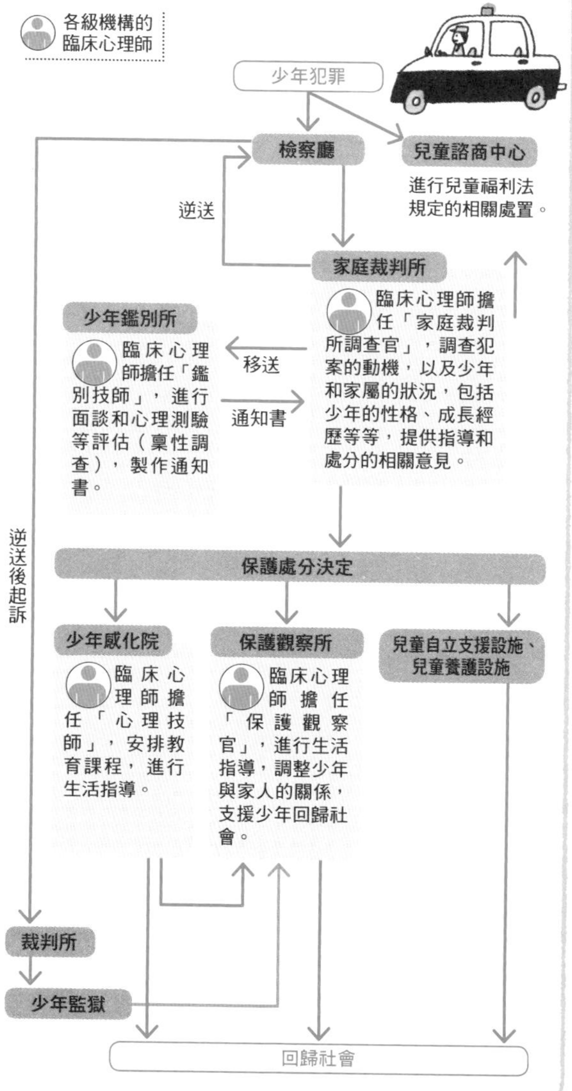

各級機構的臨床心理師
少年犯罪
檢察廳
兒童諮商中心
進行兒童福利法規定的相關處置。
逆送
家庭裁判所
臨床心理師擔任「家庭裁判所調查官」，調查犯案的動機，以及少年和家屬的狀況，包括少年的性格、成長經歷等等，提供指導和處分的相關意見。
少年鑑別所
臨床心理師擔任「鑑別技師」，進行面談和心理測驗等評估（稟性調查），製作通知書。
移送
通知書
逆送後起訴
保護處分決定
少年感化院
臨床心理師擔任「心理技師」，安排教育課程，進行生活指導。
保護觀察所
臨床心理師擔任「保護觀察官」，進行生活指導，調整少年與家人的關係，支援少年回歸社會。
兒童自立支援設施、兒童養護設施
裁判所
少年監獄
回歸社會

產業領域

解決員工的心靈和行為上的問題，提升經營的效率

需要「經營」的觀點

在產業領域中，「勞工」才是臨床心理師的服務對象。服務內容是**提供心理支援，幫助員工適應組織**。這麼做可以提升工作表現，最終增進經營的效率。另外，早期發現員工的心理問題或人際關係的危機，以介入手法防止二次傷害（→P168），也能事先防範不利的經營狀況。員工的心理健康、壓力、不恰當的行為，都會遵照EAP程序來處理（→P250）。

過去日本的臨床心理學，在產業領域，活動總是缺乏「經營」的觀點。未來，臨床心理師必須了解組織與個人，幫助雙方建立平等互惠的良好關係。

產業領域的活動內容

至於**臨床心理師實際會進行怎樣的活動，端看臨床心理師和組織、個人的關係（契約關係）**。承擔規範外的職掌和責任，有違專業人士的職業倫理。在契約規範內發揮專業性，超出規範的問題則必須轉介（→P230）給適當的外部機構處理。

臨床心理師的活動不只針對個人，組織整體也包含在內，例如重大事故的危機介入（→P226），安排一套制度維護

詳細解說！

*1 日本厚生勞動省在二〇〇六年提出「勞工心理健康增進指南」，明示職場上的心理健康促進方針。另外，國會在二〇一二年秋天，也提出心理健康檢查的相關法案，規定組織有義務照顧員工的心理健康。

組織全體的心理健康等等[1]。為此，臨床心理師需要有業界的專業知識，同時還要了解企業的就業規範，以及勞動的相關法律知識。

臨床心理師在產業領域的職責

在組織內服務時，臨床心理師主要有以下幾項職責。

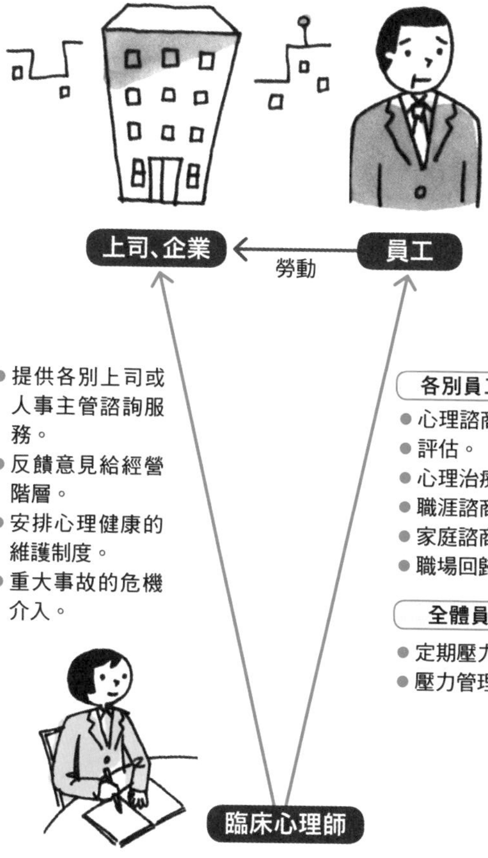

- 提供各別上司或人事主管諮詢服務。
- 反饋意見給經營階層。
- 安排心理健康的維護制度。
- 重大事故的危機介入。

各別員工

- 心理諮商。
- 評估。
- 心理治療。
- 職涯諮商。
- 家庭諮商。
- 職場回歸支援。

全體員工

- 定期壓力健診。
- 壓力管理面談。

解決員工的問題，可提升勞動的效率，增進企業的利益。另外，早期發現危機，使用介入手法預防二次傷害，也能防患於未然。

如何成為臨床心理師

研修碩士學程，學習相關的知識和技能

必要的教育經歷

美國是最早將臨床心理學導入社會制度的國家，在美國要成為臨床心理師，最少要接受六到七年的教育。不過，**日本的臨床心理學專業教育，只要在研究所念完兩年碩士學程，屬於短期的教育體系。**

因此，不足的部分只好利用碩士畢業前後的階段來彌補。首先，當事人必須在大學就讀心理學系，學習心理學的大略知識和臨床心理學的基礎。碩士學程畢業後，直接參與臨床活動的人必須要有各領域的專業知識與技能；繼續進修博士學程的人，則要學習研究和教育的專業技能。

現場研修

臨床心理師要學到專業知識和技能，主要有三種方法，分別是在課堂上**學習**、**演練**、**實習**。實務活動是臨床心理學的專業核心，實習更列居主要地位。實習又有分三種，一是在大學進行「見習」，二是在碩士學程進行「實習[*1]」；三是參與專業人士的實務活動，稱為「觀察學習」。

實際負責個案的實習活動，有分個案研討會（⬇P294）、督導（⬇P296）、現

詳細解說！

*1 **為了做好參與實務活動的準備，在實習的過程中，會進行角色扮演（⬇P182）或實驗性心理諮商。**

※台灣臨床心理師養成：
①大學就讀相關科系。
②考取考選部認可之臨床心理／行為醫學研究所。
③修畢指定學分，如：心理病理、衡鑑與治療與研究方法等。
④完成一年的臨床實習。
⑤通過論文考試。
⑥碩士畢業後，參與心理師高考並通過。
⑦取得執照方可執業，並需

場研修等等。尤其現場研修是教育訓練課程的重點，學生到第一線參與實務活動，可以直接學到支援案主所需的技能。

將碩士學程的知識付諸實踐，才能掌握真正派得上用場的專業知識與技能。

臨床心理師所需的教育

要成為臨床心理師，在大學到碩士畢業的這段期間，必須接受下列的教育。

大學階段　專業教育的基礎

●心理學的大略知識
- 心理學概論
- 各別的心理學科目（例如生理心理學、社會心理學等等）

●心理學的研究法
- 心理學研究法（實踐法、調查法、實踐臨床法、量性研究法、質性研究法）
- 心理學實習（測驗、觀察、面談、田野活動等等）

●臨床心理學的基礎知識
- 臨床心理學概論
- 異常心理學

●臨床心理學的基礎技能
- 臨床心理學實踐演練（見習或社會經驗）

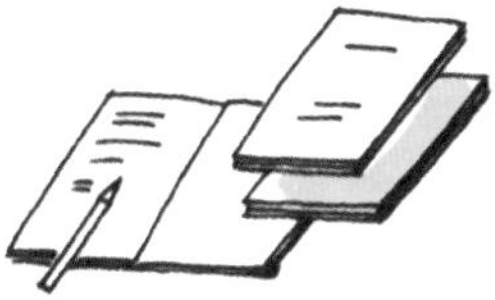

↓

碩士階段　專業教育的核心

●掌握在第一線活動所需的專業知識與技能
- 臨床心理學的研究活動所需的知識與技能。
- 臨床心理學的實務活動所需的知識與技能（溝通、個案管理、系統組織技能）〔➡P26〕。
- 臨床心理學的專業活動所需的知識與技能（臨床心理學的理念、社會責任與倫理、相關法規與行政知識、聯合其他行業的專家、經營組織的理論與態度等等）。

↓

碩士畢業後的階段　專業教育的後續發展

●臨床心理學的研究暨教育上的專業技能
（進修博士學程者）

●各領域所需的專業知識與技能
（在各領域的臨床心理師）

每六年完成繼續教育課程積分一二〇點，以利換照。

臨床心理師的資格

日本目前只有民間資格，還沒有公家機關認證的資格

臨床心理師的資格

認證資格主要分為兩大類，一種具有國家或地方政府等公家機關的法律依據，另一種是民間團體或企業認證的資格。截至二〇一二年七月，日本臨床心理師或心理諮商師還沒有公家機關的認證資格，只有民間團體的認證資格。

前面介紹的「臨床心理師」，也是經由**「日本臨床心理師資格認證協會」**認證的，這是文部科學省認可的民間財團法人。因此，現在社會大眾希望有國家主導的認證制度。

要拿到日本臨床心理師的資格，得參加日本臨床心理師資格認證協會的考試。而且要先念完指定研究所或專業研究所的臨床心理學學程[*1]。念完新甲種指定研究所或專業研究所的臨床心理學學程，可在畢業的年度參加考試。念完舊甲種或新乙種指定研究所的人，得先在日本國內累積一年以上的心理臨床實務經驗，始得參加考試。另外，擁有醫師執照，且有兩年以上心理臨床實務經驗者，可參照左圖介紹的方法參加考試。

通過筆試和口試才能獲得臨床心理師的資格，但**資格每五年更新一次**，因此要多多累積經驗，持續磨練自身的技能才行。

詳細解說！

*1 所謂的指定研究所，是日本臨床心理師資格認證協會認可的研究所，這些研究所根據學校教育法創立，而且有足夠水準執行臨床心理業務。指定研究所通過嚴格的審查後，可享有六年的指定資格，第三年要接受實地視察，六年期滿後還要接受持續指定審查。二〇一一年日本共有一百五十九間研究所具備指定資格。專業研究所則是二〇〇三年學校教育法修正後才創立。二〇一一年，日本共有六間專業研究所。

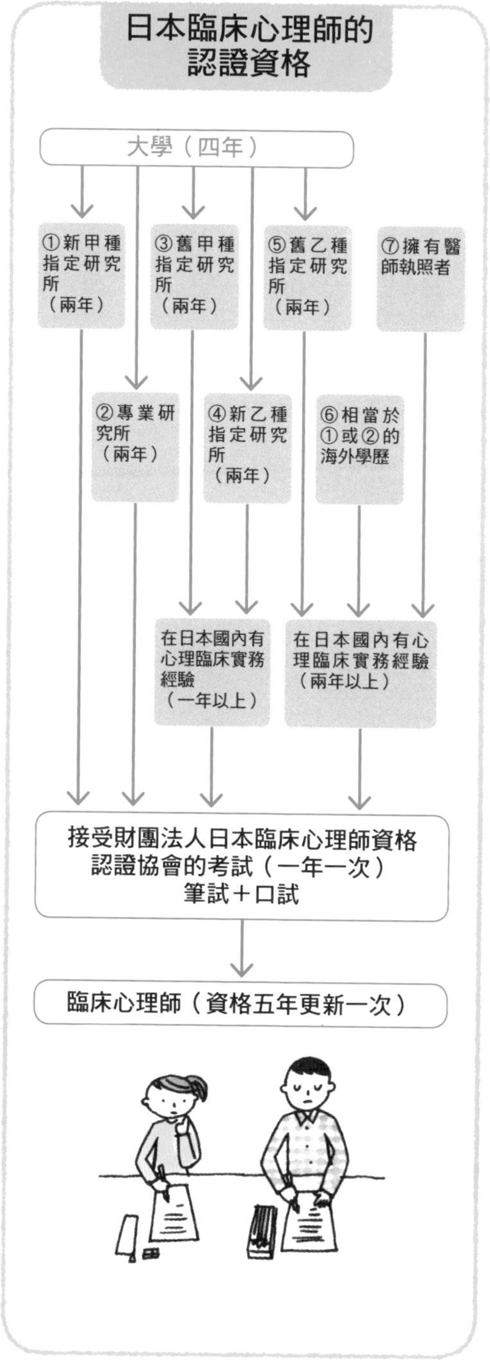
日本臨床心理師的認證資格
大學（四年）
①新甲種指定研究所（兩年）
③舊甲種指定研究所（兩年）
⑤舊乙種指定研究所（兩年）
⑦擁有醫師執照者
②專業研究所（兩年）
④新乙種指定研究所（兩年）
⑥相當於①或②的海外學歷
在日本國內有心理臨床實務經驗（一年以上）
在日本國內有心理臨床實務經驗（兩年以上）
接受財團法人日本臨床心理師資格認證協會的考試（一年一次）筆試＋口試
臨床心理師（資格五年更新一次）

其他認證資格

除了臨床心理師以外，**「產業心理諮商師」**算是比較知名的認證資格。一九六〇年日本產業心理諮商協會成立，這是一種民間的認證資格，講究心理健康的維護對策，以及支援職涯開發的相關技能。另外，日本心理諮商學會有**「認證心理諮商師」**的認證資格，學校心理師認證營運機構也有**「學校心理師」**的認證資格。臨床發展心理師認證營運機構則有**「臨床發展心理師」**的認證資格；日本心理學會則有**「認證心理師」**的認證資格。

※與日本不同，在台灣《心理師法》通過後，臨床心理師已是國家認可之專業，由衛生福利部管理；執業後每六年完成一二〇點積分，才能更新執照。此外，台灣現行法規制度，僅分「臨床心理師」和「諮商心理師」，尚無「學校心理師」等相關的官方認證。

臨床心理師的心理健康

臨床心理師視情況所需，也該照護自身的心理健康

臨床心理職缺的特性

臨床心理師必須客觀分析案主的問題，提供適當的支援。不過，有時候臨床心理師會受到私事影響，或是被案主的面談內容影響，因而缺乏客觀性。

比方說，臨床心理師對案主有過多的感情，就難以保持客觀性，可能會強加給對方一些特定的價值觀或解決方法，單方面地提供指引。另外，有些臨床心理師本身跟母親有糾葛，當他們跟案主的母親面談時，也會對案主的母親較為嚴苛。

為了避免不良的影響，臨床心理師必須深入了解自己，明白自己容易受什麼樣的影響，或者在什麼樣的狀況下，容易產生哪些特殊的情緒反應*1。

臨床心理師的心理健康

臨床心理師也該考量，工作對自己的心理健康造成何種影響。提供案主心理支援，難免會疏於照顧自己的心理問題。疲勞和負擔也是在所難免，當疲勞累積到一定程度，就會像左頁介紹的一樣，產生**「工作倦怠」**。

為了提供更好的支援，臨床心理師應該保持身心穩定來面對案主。根據心靈疲勞的程度做好自我心理照護和壓力控

詳細解說！

*1 某些情況下，案主的問題會超出臨床心理師的能力範圍。有時候，也會遇到非自身專業的問題。這時不該勉強接下工作，也不該單純拒絕對方。而是要用轉介（➡P230）的方式，盡力將案主介紹給其他合適的單位，這才是專家該負的責任。

管，這也是對案主好。

臨床心理師與壓力

工作倦怠的症狀

長期投注太多心力在工作上，導致極度的身心疲勞，情感也處於枯竭的狀態。這就稱為「工作倦怠」，主要會產生下列感情和行為。

情緒上的消耗感	過於疲勞的感情，也會產生不想工作的情緒。就好比橡皮失去原有的彈力，產生彈性疲乏的狀況。
去人格化	對案主做出冷漠的舉動，或是產生一些缺乏同理心的想法或行為。
成就感衰退	缺乏達成目標的充實感。

臨床心理師的工作性質容易產生工作倦怠，因此要特別留意。

壓力源與壓力反應

在工作上碰到同樣的壓力源（導致壓力的刺激），不同的個人因素、工作外的因素、緩衝因素也會改變壓力的反應。

工作的壓力源 ＋ ・接受壓力的方式 ・應對法 ・工作外的因素 ・旁人的協助 → 壓力反應

例 工作一直碰到麻煩 ＋ 有旁人的協助 → 壓力反應較小

例 工作一直碰到麻煩 ＋ 私下也有不少問題 → 壓力反應較大 → 長此以往就會生病

了解自己的狀況和周遭環境，增加緩和壓力的因素，是壓力控管的第一步。

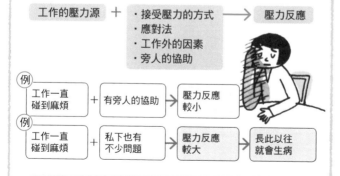

臨床心理師的資格與工作 4

臨床心理師的倫理

身為一個專業人士，必須遵守職業倫理

再者，遵守職業倫理也等於向外界保證，自己的專業活動具有一定的水準。這也是在對社會宣示，臨床心理師在進行活動時，絕對會負起專業責任。如此一來，案主才敢放心接受臨床心理師的協助。

倫理的兩難困境

職業倫理是臨床心理師在臨床現場的行事準則。有時候，臨床心理師會碰到**「倫理上的兩難困境」**，也就是死守原則也無法解決的問題，或是不同的原則互相違背的狀況。在第一線活動，不同的情境要有不一樣的判斷[*1]。

專業人士的職業倫理

所謂的**「職業倫理」**是指專業人士約束自我的行動規範。這不只是單純的規範，而是具有一定的約束力，身為一個專業人士就應該遵守。

臨床心理學的基本理念是，尊重基本人權，運用專業能力幫助案主。許多團體都有各自的倫理規範，但大致上都跟左頁介紹的差不多。

職業倫理對於維持特定職業團體的素質，有非常重要的作用。有了明確的規範方針，人們才會有專業人士的自覺，並且避免不當的舉止，努力提升自身的能力。

詳細解說！

*1 以學校為例，把學生的資訊提供給教師，好處是老師比較容易顧慮到學生的校園生活品質。遇到這種情況，校園心理諮商師必須遵守「校園全體的保密義務」（➡P240）。同理，在其他情況下，臨床心理師必須有臨機應變的判斷力。

※在台灣臨床心理師執業時，須遵守《心理師法》，以及「臨床心理師倫理準則與行為規範」（臨床心理師公會全國聯合會訂定）與「心理學專業人員倫理準則」（台灣心理學會訂

重點是，臨床心理師要了解自己的專業責任有多重大，並遵守職業倫理。當然，不是所有情況都得自己一個人處理。

遇到難以判斷的狀況，可以向同事或督導者（⬇P296）尋求意見。透過積極議論的方式，提升活動的水準。

臨床心理師的倫理規範

心理職缺的倫理原則

- 第一原則　不做傷害對方，或有可能害對方受傷的事。
- 第二原則　經過充分的教育和訓練後，掌握專業能力，在專業的行動規範之內，促進對方的健康和福祉。
- 第三原則　不利用對方來謀求自身利益。
- 第四原則　尊重每個人。
- 第五原則　遵守保密義務。
- 第六原則　要取得知情同意，尊重對方的決定權。
- 第七原則　公平對待所有人，秉持公平、公正、正義的精神進行活動。

如何應付倫理上的兩難困境

例　案主有意自殺的情況下

雖然違反上述的第五原則「保密義務」，但臨床心理師應遵照第一原則「不傷害對方」，跟案主的家人、公司、學校聯絡，阻止其自殺。

臨床心理師不能失去案主的信賴，但如果案主有自傷或傷人的風險，就必須採取緊急的應對措施。

定）；民眾若遇心理師疑似違反倫理，可向心理師公會全聯會或各縣市分會提出申訴。

個案研討會

多人一同檢討個案的處置經過，找回公正客觀的觀點

個案研討也是臨床心理師的活動

所謂的「個案研討會」，就是由多名臨床心理師共同檢討處置的個案。目標是提升個案管理技能（⬇P26），例如檢討在個案中提出的假設，改善過程中的缺失等等。

大部分的臨床心理師都會進行個案研討，擁有深厚實務經驗的老手，乃至剛開始進行實務活動的新手都會這樣做。理由在於，重新審視個案，是改善實務活動的必要措施。

跟個案有直接關聯的臨床心理師（意指所討論個案的議題，也是心理師自身過往就有的議題），比較難找回靈活客觀的觀點。因此，**由多人一起檢討個案內容，可以客觀地看待問題，找回靈活的觀點。**

除此之外，檢討特定的個案，也可能找到對其他個案有幫助的觀點。尤其，對於剛開始接觸個案的臨床心理師來說，利用個案研討會來達到教育和訓練目的，可以讓他們學到必要的技能，來應付多變的狀況[*1]。

個案研討會的流程

召開個案研討會時，首先要統整個案的相關資料，做好「個案報告」的準備[*2]。這也可以讓個案負責人重新審視個

詳細解說！

*1 另外，個案研討會可視參加者的需求，發揮左頁介紹的各種功能。

*2 個案報告的內容如下。①標題、②個案負責人的姓名和隸屬單位、③前言、④個案概要、⑤面談經過和考察、⑥檢討重點。再者，還要附上心理測驗的資料、圖畫、沙遊治療的照片、言談記錄等輔助資料。

*3 個案研討會最該注意的是案主的個資管理，使用的資料必須妥善保管。

案，重拾客觀的觀點。實際召開研討會以後，與會人士會探討各種可能性，不受既定觀念的束縛，以自由議論的方式摸索最佳的假設[*3]。

個案研討會結束後還要進行研究，把發掘到的新觀點，歸納成一套適合用在其他個案上的通用理論，這又稱為個案研究（⬇P264）。

個案研討會的主要意義和功能

個案研討會可視參加者的需求和目的，以不同的形式發揮作用。

何謂個案研討會

由多名臨床心理師共同檢討同業者處置個案的過程。以不同觀點審視個案的處置方式，提升實務活動的水準。

主要意義

- 重新審視個案的處置經過。
- 找出可用在其他個案上的觀點。

個案研討會的功能

功能	內容
學習功能	深化參加者對個案的了解，掌握或提升個案管理能力。
教育、評鑑功能	評鑑參加者的個案管理能力，推敲出新的課題來提升相關技能。
研究、發現功能	推導出通用性更高的假設，而不只適用於特殊的個案。
共有方針功能	在特定的諮商機構內召開檢討會，可在處置個案的初期階段，重新檢討假設，共同探討援助的分針。
強化合作功能	在特定的諮商機構內召開檢討會，定期檢討個案，可以強化組織的合作能力。

督導

向經驗更老到的人尋求一對一的指導或教育

實踐性的教育手段

臨床心理學的「督導」含義是，**向經驗更老到的臨床心理師尋求一對一的指導，持續報告自己經手的個案，請對方檢討個案處置的內容**[*1]。

接受督導的一方稱為**受督導者**，提供指導的一方則稱為**督導者**。督導一詞源自拉丁語，意為監督或管理某些人事物。而在臨床心理學中，意味著敦促對方成長，幫助對方進步。

在培育臨床心理師的時候，督導是必要的實踐性教育手段。新手要經歷督導才會進步，而擁有深厚經驗的臨床心理師，也應該持續接受督導，來提升自身的實踐水平。

誠如左頁圖示，督導也有下列的互動方式。接受督導的一方不該自我膨脹，也不該過度批判自我，重點是要坦白自己的想法和心情。有不明白或疑慮的地方，都該提出討論。

督導的兩種意義

對於接受督導的一方來說，督導有兩種意義。

第一是透過實踐的方式，學習如何對不同的案主提供適當的介入法。督導者會衡量臨床心理師對案主的處置方式和

詳細解說！

*1 督導有分定期進行和斷斷續續進行，若是後者，通常是在評估時進行，等到下一次遇到問題再來做。

理解程度，並提供建言。

第二是受督導的一方，可以集中反思自己的應對方式。藉由旁人的觀察，臨床心理師才能了解自己和案主建立了怎樣的關係，找出改善的要點。

督導的實際情況

督導的流程

督導者和接受督導的一方，會透過下列的交流，改善介入個案的方法。

- 說出自己接觸個案的經歷。
- 聆聽說明，深化理解。
- 選擇方法，下達決定。

受督導的一方 ⇄ **督導者**

- 提出新的理解方法或其他新的手法。
- 敦促對方設定目標。
- 引導對方從經驗中學習。

接受督導可以學到自身的盲點，好比面對不同案主的介入方法，以及應對個案時需要改善的重點。

督導的各種方式

督導基本上是一對一進行的，也有近似督導的臨床研修。在其他頁介紹的諮詢〔➡P228〕或個案研討會，也有督導的性質存在。

●團體督導

由好幾名被督導者觀察一對一的督導過程。

●諮詢

跟有經驗的同業商量，尋求援助個案的適當方法，原則上以一次為限。

●個案研討會

召集支援專家，檢討處置個案所提出的假設，尋思更恰當的支援手法。

十三劃

十四劃

六劃

七劃

八劃

九劃

INEDX 索引

英文

二劃

三劃

四劃

五劃

主要參考書目

下山晴彥編著「學習臨床心理學系列・全七冊」第一集：下山晴彥著作「未來的臨床心理學」(東京大學出版會)
下山晴彥編「簡單易懂的臨床心理學修訂新版」(米納瓦書房)
下山晴彥編譯「教材臨床心理學・全五冊＋別冊」(誠信書房)
下山晴彥著「臨床心理學評估入門」(金剛出版)
下山晴彥翻譯「認知行為治療個案概念化入門」麥可・布魯克、法蘭克・波德著作(金剛出版)
下山晴彥、丹野義彥編著「講座臨床心理學」全六冊(東京大學出版會)
下山晴彥編著「臨床心理學的新模式」(誠信書房)
下山晴彥著作「心理臨床的基礎1——心理臨床的觀念與實踐」(岩波書店)
下山晴彥、波爾・史特蘭德、松丸未來著作「兒童暨年輕人的認知行為治療講座——聰明思考，舒緩情緒」(金剛出版)
下山晴彥、能智正博編著「學習心理學的實踐研究法——臨床心理學研究法」第一集(新曜社)
下山晴彥、中嶋義文監修「全家一起了解憂鬱症」(池田書店)
下山晴彥、關谷透監修「憂鬱症：家人能提供的協助」(池田書店)
下山晴彥編輯「學習臨床心理學系列・全七冊」第四集：平木典子著作「綜合介入法」(東京大學出版會)
下山晴彥編輯「學習臨床心理學系列・全七冊」第五集：高畠克子著作「社區介入手法」(東京大學出版會)
下山晴彥編輯「學習臨床心理學系列・全七冊」第六集：能智正博著作「質性研究法」(東京大學出版會)

史基雷比、托雷斯、泰德著作，植村勝彥翻譯「社區心理學」(米納瓦書房)
庫伯勒・羅斯著作、鈴木晶翻譯「論死亡與臨終」(中央公論新社)
森田正馬著作「新版神經質的本質與療法——了解森田療法的必讀要點」(白揚社)
平木典子著作「圖解・傳達內心情緒的技巧」(PHP研究所)
窪田彰著作「精神科日間照護」(金剛出版)
成瀨悟策編著「動作心理・臨床案例學習」(誠信書房)
吉本伊信著作「內觀法」(春秋社)
藤川麗著作「臨床心理學的合同協作——綜合服務的構成方法」(東京大學出版會)
青木紀久代監修「徹底圖解・臨床心理學」(新星出版社)
松原達哉編著「圖解・臨床心理學理解書」(夏目社)

(參考資料)
警察廳官網
厚生勞動省官網
文部科學省官網
日本臨床心理師資格認證協會官網
一般社團法人・日本臨床心理師協會官網

圖解臨床心理學
從心理評估到心理治療，不用藥也能治心病，143 則臨床心理學知識解析
面白いほどよくわかる！臨床心理学

作　　者　下山晴彦（監修）
譯　　者　葉廷昭
封面設計　巫麗雪
內頁排版　簡至成
文字校對　呂佳真
行銷統籌　駱漢琦
行銷企劃　蕭浩仰、江紫涓
營運顧問　郭其彬
業務發行　邱紹溢
責任編輯　賴靜儀
總 編 輯　李亞南
出　　版　漫遊者文化事業股份有限公司
地　　址　台北市103大同區重慶北路二段88號2樓之6
服務信箱　service@azothbooks.com
網路書店　www.azothbooks.com
臉　　書　www.facebook.com/azothbooks.read
營運統籌　大雁文化事業股份有限公司
地　　址　新北市231新店區北新路三段207-3號5樓
電　　話　(02) 8913-1005
訂單傳真　(02) 89131096
劃撥帳號　50022001
戶　　名　漫遊者文化事業股份有限公司
初版一刷　2022年10月
初版三刷(1)　2023年10月
定　　價　台幣499元

原書STAFF
插　　畫　河合美波
原書設計　室田敏江（株式会社志岐デザイン事務所）
執筆協力　高沢久美子、中島祐美、輪島直美
編輯協力　大上真礼、樫原潤、河合輝久、藤尾未由希
製作協力　近藤真史
執筆・編輯協力　松崎祐子

國家圖書館出版品預行編目 (CIP) 資料

圖解臨床心理學：從心理評估到心理治療, 不用藥也能治心病,143 則臨床心理學知識詳解 / 下山晴彥監修 ; 葉廷昭譯. -- 初版. -- 臺北市 : 漫遊者文化事業股份有限公司, 2022.10
304 面 ; 14.8×21　公分
譯自 : 面白いほどよくわかる！臨床心理学
ISBN 978-986-489-698-1(平裝)

1.CST: 臨床心理學

178　　111013850

ISBN　978-986-489-698-1